HELMUT ZÖPFL

Lebn und

Lustige Szenen und
Episoden aus Bayern

lebn lassen

Für Dr. Dr. Eberhard Laubender
und Dr. Jürgen Vocke

SüdOst Verlag

Bibliografische Information der Deutschen Nationalbibliothek

Die Deutsche Nationalbibliothek verzeichnet diese Publikation in der Deutschen Nationalbibliografie; detaillierte bibliografische Daten sind im Internet über http://dnb.dnb.de abrufbar.
ISBN 978-3-86646-759-0

1. Auflage 2016

ISBN 978-3-86646-759-0

Alle Rechte vorbehalten!

© 2016 SüdOst-Verlag in der

Battenberg Gietl Verlag GmbH, Regenstauf

www.gietl-verlag.de

Inhalt

Ratsch

Igerl: Grüß Ihnen Gott, Frau Gschwendner.

Gschwendner: Ja mei der Herr Igerl. Ausgerechnet vor der Schui, wo mia amal gangen san, trifft ma se wieder. So a Zufall gell. Sie warn glaub i, oa Klass vor mir. Aber ma siehgts Eahna net o, ha, ha. Obwohls scho a paar Jahr her is. De Zeit vergeht. Mia haltens net auf, Herr Igerl, gell. Sie habn des Fräulein Dings als Lehrerin ghabt, wenn i mi net täusch. Aber in der Regel konn i mi auf mei Gedächtnis verlassen, zumindestens mei Langzeitgedächtnis, wia ma heutzutag sagt. Je älter, dass ich werd, desto mehr fallt ma von früher wieder ei. Sogar der Hausmoaster Dings, der Dings, der wo a so a böse Frau ghabt hat. Er war ja guatmütig, fast könnt ma sagn a Laddierl, gell, aber sie. Eine Furie war des. Da hat er nix zum Lachen ghabt bei dem bösn Deife. Ui da schaugns hi, Herr Igerl, der Kastanienbaum steht allerweil no da. Und ausgerechnet jetzt falln die ersten Kastanien runter. Hebns Eahna oane auf, Herr Igerl, de san guat fürs Rheumatische, besser gsagt dagegen. Mei Otto selig hat allerwei oane in der Hosentaschn ghabt. Kaum hat er de erste gfunden, hat ers schon aufghobn. In der erstn Klass habn ma sogar no mit de Kastanien grechnet, weil mia noch keinen Computer nicht ghabt ham, seinerzeit. Bloß die Kastanien und unsere Finger. Da hams die Kinder heut scho leicht, gell Herr Igerl. Uns hams no mit an Tatznsteckerl dazua bracht, dass ma aufpasst haben. Heutzutag wern de Kinder motiviert und nicht drangsaliert. Heutzutag brauchens net amal mehr de große Schuitafel. Mei wissns no, wia de Kreidn, da drauf oft kratzt hat? Eiskalt is ma damals jedesmal übern Buckl abeglaufn. I glaub bis heut kriag i alle Zuaständ, wenn i da bloß drodenk. I hab mir sagn lassn, dass des heut alles ganz anders ablauft. Da hat jede Klass ihr eigens Power Print. Wenn i mir vorstell, was bei uns no los war. I bin allerweil zum Tafeldienst eiteilt gwen, wenn i wieder amal zvui mit meiner Nachbarin gschwätzt hab. Und na hab i mit dem alten Schwamm de Tafel abwischn müaßn und am Lappen, der wo furchtbar gstunkn hat, de Tafel trockenreibn. Die Kinder wissen ja net, was heutzutag alles haben mit denen ganzen Neuerungen und dene Medien übereinander. Da is natürlich koa Wunder, wenn de Kinder immer gscheiter werdn. Was hoaßt gscheiter, immer hochbegabter werns. Amal ehrlich, Herr Igerl, hat bei uns oa Lehrer drauf geachtet, wer von uns hochbegabt war? Vielleicht waarn Sie aa a Hochbegabter gwesen, Herr Igerl, gell, wenn ma Eahne Ihren IQ gscheit gmessn hätt. Stellens Eahna vor, was vielleicht aus Eahne hätt wern können. Vielleicht sogar ein Archäologe oder ein Dings ein Astrophysiker, der wo einen neuen Planeten entdeckt. Und amal ehrlich, was is aus Eahna wordn? A kloana Beamter bei der Stadt. Nix für unguat, Herr Igerl. Heutzutag hams ganz genaue Methoden entwickelt, wo ma scho bei de kloane Kinder eahna besondere Begabung für später feststellen konn. Wenn oaner ständig dazwischnredt, na woaß ma: Aha, des könnt a Politiker werden. Oder oaner, der wo oiwei in der Nasn bohrt, der hat vielleicht s' Zeug für an zukünftigen Höhlenforscher. Hahaha. Außerdem gibt's heut in an jedem kloana Kaff zusätzlich zu der Schui und am Kindergarten scho a Kinderuniversität. Mei, uns hat de Mama oder de Oma nur irgend a Gschicht vorglesen von Hänsel und Gretl und am Rotkäppchen. Heut können nens zum Professor Dings geh und der halt eahm a richtige Vorlesung. Da lernens nimmer so a kindischs Liad wia „Weißt du wieviel Sternlein stehen" oder „guter Mond du gehtst so stille". Heutzutag erfahrns was über Galaxien, Schwarze Löcher und Supernovas oder no was anders. Lauter Sachen, wos amal später in ihrem Leben was anfangen können. Da hörns dann aus erster Hand, wann des ganze All untergeht. Des konn ma heut ganz genau auf a Zehntel Sekund berechnen. Und da können sich unsere Kinder rechtzeitig drauf einstelln.

Igerl:	Was, de Welt geht unter? Na habn de Maja mit eahnam Kalender doch recht?
Gschwendner:	Ja klar geht de Welt amal unter, was glaubn denn Sie? Nix währt ewig. 'S letzte Mal hab i glesn dass des genau in 300 Milliardn Jahr und 9 Monat sei werd.
Igerl:	Um Gottswuin. In wiavui Jahr habns gsagt?
Gschwendner:	In 300 Milliardn Jahr und 9 Monat.
Igerl:	Ah so, 300 Milliardn Jahr. Mia is scho Angst und Bang wordn.
Gschwendner:	Wiaso?
Igerl:	Ja i hab net richtig highört und gmoant, Sie hättn gsagt, dass schon in 300 Millionen Jahr soweit waar. Des is guat. I wollt nämlich no a bisserl in der Stadt rumspazieren. Und morgen habma Stammtisch. Na brauch i mi net gar so beeiln.
Gschwendner:	Haha, ja mei der Herr Igerl, allerweil zu Scherzen aufgelegt gell. Mei, Sie warn scho als ein Bub immer ein Witzbold. Was ich ihnen gesagt hab, wenn's damals scho so Früherkennungstests gegebn hätt', wärn Sie vielleicht entsprechend gfördert wordn und heut wärn Sie ein bekannter Entertainer wordn, So wia der Rudi Carrell oder der Peter Alexander.
Igerl:	Der Rudi Carrell und der Peter Alexander? Ja um Himmelswuin.
Gschwendner:	Wiaso um Himmelswuin?
Igerl:	Ja was hätt i denn davo? Net um vui Geld möcht i mit denen tauschn. Weil na waar i ja scho gstorbn. Liaber net

so hochbegabt und no am Lebn. Wissens was i jeden Tag in der Früah mach, Frau Gschwendner?

Gschwendner: Frühstücken?

Igerl: Ja, des aa. Aber beim Frühstück lies i jedsmal de Zeitung. Und da als Ersts de Todesanzeigen. Und wenn i feststell, dass i net dabei bin, freu i mi den ganzen Tag. In diesem Sinn, Pfüa Gott, Frau Gschwendner.

Spinzig – Igerl

Spinzig: Ja grüß Ihnen Gott, Herr Igerl. Jetzt haben ma uns scho lang nimmer gsehn. Wie geht's Ihnen denn?

Igerl: Grüß Gott, Frau Spinzig, wias geht? Ja mei ...

Spinzig: Ja mei, des sagt alles. Brauchens gar nimmer weiterreden, i konn mias scho denken. A Kreuz is'. Jünger werd ma halt alle net. Des siehg i jedn Tag an meim Mo. Da langt des „ja mei" nimmer. Da hoaßts bloß no ohmei, ohmei. I konn ma scho denkn, wo's Eahne fehlt, wenn i Sie bloß oschau. Sie san schon in ärztlicher Behandlung, Herr Igerl. Oder? Ich sag immer wieder den alten Spruch: „Vorbeugen ist besser als heilen". De Leut warten alle viel zu lange. Und dann is halt zu spät. Dabei hätt ma heutzutag so vui Möglichkeiten, dass ma rechtzeitig was gega Krankheiten unternimmt. Also ich bin z.B. ein überzeugter Leser der Apothenken-Rundschau.

Igerl: Sie meinen die „Senioren Bravo"?

Spinzig: Ha, ha, der Herr Igerl. Immer noch derselbe, immer zu Scherzen aufgelegt. Aber im Ernst, Herr Igerl, mit Krankheiten sollt man net spaßen. In der Apotheken-Rundschau findet jeder a Krankheit, die wo er hat, möglicherweise sogar mehrere. Schauns amal in der neuesten Ausgabe nach. Da is sicher auch was für Sie dabei, so wia sie daherkommen. Vorn in der St. Heinrich Apotheken liegt de Umschau aus. No dazua völlig kostenlos. Wenn er sein guatn Tag hat, gibt eahna der Apotheker, der Herr Koller sogar no a Packerl Tempotaschentücher dazua. Außerdem liegt da allerwei irgend a Gratisprobe z.B. von Huastenguatl aus. Ma konn ja nia wissn, wissens. Also ich sag allerweil, wer bei der Gesundheitsaufklärung von heutzutag net aufpasst, is selber Schuld. Schauns, im Merkur is jeden Donnerstag, eine ganz ausführliche Kolumne von einer ganz bekannten Ärztin, der Frau Dr. äh Dings. Und de stellt jede Woche eine Krankheit vor, teilweise ganz neue, von der man bis dahin noch nicht de geringste Ahnung ghabt hat. Und ich kann Ihnen sagen, ob Sie's glauben oder nicht, fast jedes Mal entdeck ich bei mir, wenn i des lies, auch solcherne Symptome. I erschrick regelmäßig, wenn i feststellen muaß, was da alles in mir vielleicht schon seit Jahren drinsteckt. Und kein Mensch is draufkommen. Bloß guat, dass die Frau Doktor Dings ein Mittel parat hat. Nicht einmal rezeptpflichtig, weil die Frau Doktor Dings auch eine Homopathalogin is. Übrigens, die Frau Dr. Küstenmacher auch, die wo im Fernsehen immer redt. Eine großartige Sendung. Also da verpass ich grundsätzlich keine einzige. Man hat ja schließlich auch eine Verpflichtung für die eigene Gesundheit. Wie sagt der Dings, der Carlo Sölch so schön:„Es gibt tausend Krankheiten, aber nur eine einzige Gesundheit."

Igerl: Da fallt mir de schöne Gschicht ein: Bevor der Huaber-Bauer gstorbn is, hat er seiner Frau sein größten Wunsch gsagt, er möchat im Trachtenhemd und seiner Lederhose beerdigt werden. Und de hat tatsächlich seinem Wunsch entsprochen. Wiara dann in der Aussegnungshalle glegn is, hat man ihn in seim Sarg liegn sehen und auf seine Hosenträger is groß der Spruch gstandn: „Aber gsund samma". Haha.

Spinzig: Herr Igerl, Herr Igerl. Bei Ihnen weiß ma nia gscheit, woran man is. Mit Krankheiten lässt sich nicht spotten. Sagt Ihnen der Begriff hypertomale Distropie was? Net? Ja mir war des bis gestern auch noch ein unbekanntes Wort. Und jetzt hab ich in dem Gesundheitsheft von der AOK, des wo ich immer kostenlos zuagschickt kriag, glesen, dass ich möglicherweise schon jahrelang darunter leide, ohne dass mir das bewusst geworden ist. Ich bin mir vorgekommen wie ein Haus, unter dem über Jahrzehnte eine Bombe aus dem 2. Weltkrieg flackt, die wo noch nicht entschärft ist. Können Sie sich vorstellen, was da in mir vorgegangen is, wie ich diese grausige Entdeckung an mir selber hab machen müssen. Wie ein Blatt ist es mir von de Augen gefallen, warum ich de letzten Jahre so zugnommen hab. Wissen's ich kann essen, was ich will, und ich nehm einfach nicht ab.

Das Osterhasen-Coming-out

Reporterin: Ich möchte mich ganz herzlich bedanken, dass sie sich heute für dieses Interview zur Verfügung gestellt haben. Ihr Coming-out hat ja in den letzten Tagen für beträchtliches Aufsehen gesorgt.

Osterhase: Ja nun, einmal musste es ja gesagt werden. Und die Zeit war eben günstig.

Reporterin: Wieso?

Osterhase: Nun, Sie wissen doch selber, dass kurz vor mir auch ein bekannter Sportler sich geoutet hat.

Reporterin: Aber ich finde den Schritt bei Ihnen bedeutend mutiger. Der besagte Sportler stand ja lediglich ein paar Jahre seiner Karriere im Blickfeld, die er ja nun auch beendet hat. Sie aber blicken auf viele Jahre des öffentlichen Interesses in der Frühjahrszeit zurück. Und während von besagtem Sportler lediglich einige Autogrammkarten im Umlauf sind, ist Ihre, ja sagen wir einmal Skulptur im März und April in allen möglichen Ländern zu sehen.

Osterhase: Nicht nur im März und April. Ich habe schon ab Dreikönig Saison.

Reporterin: Entschuldigen Sie die etwas intime Frage: Seit wann haben Sie eigentlich um Ihre, äh Neigung gewusst?

Osterhase: Eigentlich schon sehr lange. Ich habe beispielsweise einen immer engeren Bezug zu dem Gockel, also dem Hahn gespürt, als zu den Hennen.

Reporterin: Interessant. Obwohl, diese ja Ihre wichtigsten Zulieferantinnen sind. Noch ein Indiz für Ihre äh, äh Neigung?

Osterhase:	Als Kind habe ich immer gern das Sandmännchen angeschaut.
Reporterin:	Das Sandmännchen? So. So. Sagen Sie einmal in diesem Zusammenhang: seit Jahr und Tag geht das Gerücht, dass auch das Sandmännchen …
Osterhase:	Nun, das ist dessen ureigenste Angelegenheit. Ich bin sicher, dass da noch einige meinem Beispiel folgen werden. Zumindest ein paar – ich nenne bewusst keine Namen – der Mainzelmännchen haben auch schon mit mir ein Vorgespräch geführt.
Reporterin:	Nochmals eine etwas indiskrete Frage: Wie denken sie darüber, da Sie ja nun auch schon im wahrsten Sinne des Wortes, ein alter Hase sind. Dass es wohl keine Nachkommen geben wird, ist ja nun klar.
Osterhase:	Schon einmal was von Adoption gehört? Der Dalai-Lama-Nachfolger ist ja auch nie ein leiblicher Nachkomme. Außerdem fühle ich mich noch voll in Saft und Kraft und denke sogar darüber nach, meinen Wirkungskreis nach China auszudehnen. Der Weihnachtsmann ist bei denen schon lange eine feste Größe.
Reporterin:	Haben Sie schon einmal darüber nachgedacht, dass Ihr Coming-out auch Auswirkungen auf ein eventuelles neues Outfit haben könnte?
Osterhase:	Also diese Frage verstehe ich jetzt überhaupt nicht. Seit Jahr und Tag sind gerade meine Sponsoren wie Milka, bestens mit meinem lila Erscheinungsbild gefahren. Aber von mir aus, sollten die halt mehr Rosarot ins Spiel bringen.
Reporterin:	Es wird behauptet, in Russland wäre auf Grund Ihres Outings ein deutlicher Einbruch im Handel spürbar.

15

Osterhase:	Da muss ich mich eindeutig dagegen wehren. Das ist Nestbeschmutzung, jawohl, Nestbeschmutzung im wahrsten Sinne des Wortes.
Reporterin:	Noch eine letzte Frage. Hat dieses, Ihr Coming-out auch irgendwelche Auswirkungen auf Ihr Privatleben?
Osterhase:	Selbstverständlich. Mein erster Eindruck war, dass durch mein mutiges „An die Öffentlichkeit gehen" endlich das dümmliche Vorurteil unserer Spezies gegenüber abgelegt wird und nicht mehr von „Hasenfuß" oder „Angsthase" gesprochen wird.
Reporterin:	Und das zweite?
Osterhase:	Dass ich mich nun endlich mit meinem Partner in aller Öffentlichkeit zeigen kann. Und wir nicht mehr die jahreszeitliche Ausrede gebrauchen müssen: Im Frühjahr ich, im Winter er. Aus diesem Grunde werden wir auch demnächst unsere Beziehung ganz legal absegnen lassen.
Reporterin:	Und darf ich Sie fragen, wer dieser Partner ist?
Osterhase:	Jetzt tun Sie nicht so, als ob Sie das nicht schon längst wüssten. Der Weihnachtsmann selbstverständlich.
Reporterin:	Oh das freut mich aber sehr für Sie und ihn. Ich gratuliere und danke Ihnen für das schöne Interview, Herr Osterhase.

Der Analytiker

Igerl: *(singt)*   „Wia mei Ahnderl 20 Jahr und a junger Wildschütz war, hat beim Mondschein er voll Lust 's erste Mal sei Reserl busselt …"

Pfanzelt: Hast du grad was von „busseln" gsungen, Alfons?

Igerl: Ja, weil mir grad des Lied eingfallen is. Oh mei, des warn no Zeiten, gell, Maxe. Erinnerst du di no an dein erstes Busserl?

Pfanzelt: Ganz ehrlich gsagt nimmer genau. I glaub, des war mit der Kiefl Gini nach der Maiandacht. Aber vielleicht kann dir mein Freund, der Professor Rumstiegel was dazua sagn, der hat sich wissenschaftlich mit der Anatomie des Kusses auseinandergesetzt, stimmts, Herr Professor.

Prof. Rumstiegel: So ist es. Also bei einem Kuss handelt es sich um nichts anderes als um eine Appropinquation zweier lingualer durch den kleinen Labes-Muskel hervorgerufener Kontraktion. Sobald die Appropinquation zur unmittelbaren Kontraktion geführt hat, kommt es zu einer kurz- bis längerfristigen labialen Kompressionsphase, auch Osculum-Phase genannt, in der …

Igerl: Hörns auf, Herr Professor. Wenn i mir vorstell, dass i mir des alles hätt überlegen sollen, wiari damals as erste Mal mein Theres abbusselt hab. Also mit Verlaub, Herr Professor, da leckst mich doch glei am … Entschuldigens schon.

Prof. Rumstiegel: Da brauchen Sie sich gar nicht entschuldigen, die von Ihnen gerade als im bayerischen gebräuchliche Aufforderung ist ein anatomisch mindestens genau so interessanter Vorgang. Dabei handelt es sich um eine mehr virtuell verstandene lingual-errective Stimulanz-Bewegung in Richtung der analen Region des dazu auffordernden Gesprächspartners, welcher …

Igerl: Oh mei, oh mei, moanans, Herr Professor, dass des der Götz von Berlichingen gewusst hat, wiara diese freundliche Aufforderung durchs Fenster gschrien hat?

Prof. Rumstiegel: Nein, warum?

Igerl: Ja mei, weils mi halt interessiert hätt, Haha.

Prof. Rumstiegel: Auf Wiedersehn, Herr Igerl, ich habe mich sehr gefreut, Ihre Bekanntschaft gemacht zu haben.

Igerl: (zu Pfanzelt) Du sag amal, Maxe, is der Professor eigentlich verheiratet?

Pfanzelt: Ja warum?

Igerl: Und hat er Kinder?

Pfanzelt: So vui i weiß, nein.

Igerl: Und wialang is er scho verheirat?

Pfanzelt: Oh mei, i glaub, 3 Jahr.

Igerl: Ja nacha.

Pfanzelt: Was hoaßt da „ja nacha"?

Igerl: Ganz klar, des braucht halt sei Zeit, bis er seiner Frau genau erklärt hat, was de Zeugung genau betrachtet is.

Der Derwisch

Bub: Du Papa, was is denn eigentlich ein Derwisch?

Papa: Ein Derwisch? Wia kommst jetzt auf einen Derwisch, sag amal? So genau woaß i des jetzt im Augenblick aa net. I glaub, des is so ein indischer Tänzer, der allerwei wia net gscheit umananderhupft.

Bub: Also so eine Art Bi-Ba-Butzemann?

Papa: Wer?

Bub: Der Bi-Ba-Butzemann (beginnt zu singen): „Es tanzt der Bi-Ba-Butzemann in unserm im Kreis herum …"

Papa: Ah so moanst? Des is ja lustig, dass du dir des Liadl, des wo dir de Oma Annie oiwei vorgsunga hat no so genau gmerkt hast.

Bub: Is also Derwisch die indische Übersetzung von Bi-Ba-Butzemann?

Papa: Na, so glaub i, konn ma's aa net sehn. A Derwisch is scho mehra, i glaub , so eine Art Magierer, der wo etwas beschwört.

Bub: Über was beschwert er sich denn?

Papa: Ich hab beschwören gsagt mit ö geschrieben. Vielleicht beschwört er irgendwelche bösen Geister weg.

Bub: Böse Geister? Du glaubst an Geister? Des is mir neu.

Papa: Erstens is des mit de bösen Geister symbolisch gmoant. Was woaß i, z. B. irgendwelche Krankheiten?

Bub: Und zwoatens?

Papa: Zwoatens moan i, dass es gerade im östlichen Bereich Phänomene gibt, die wo wir mit unserem westlichen Denken nicht ganz verstehen. Denk bloß an dene eahrne Fakire, de wo barfuaß über glühende Kohlen gehen oder über Nägel, ohne dass eahna des was tuat. Da fallt mir aber grad ein, dass mia un unserer Kindheit fast a halbertes Jahr barfuaßert rumglaufn san. Sogar im Herbst beim Drachasteign, über de Stoppelfelder, aa wenn des manchmal ganz schön piekt hat. Aber gsund wars. Heitzutag brauchen de Leut teure Fußreflexmassagen. Dass i net lach. Wennst mi fragst, sollt ma wieder mehr Wert auf barfuaßlaufa legn. Da sparat ma se an Haufn Krankenhauskostn. Und i des Haufa Geld für deine sündteuren Markenturnschuah von Adidas.

Bub: Du moanst Nike. De haben grad a ganz a neues Modell rausbracht. Mit ganz neue Sohln, de wo beim Geh und Laufen die Akupukktursensoren von unseren Fuaßsohlen mobilisiern. Des soll sich sogar auf Gehirnzellen auswirken und Lernleistungen steigern, hoaßts. Kriag i de, Papa? Food-Heaven daadns hoaßn. Beim Tchibo gaabats ses zur Zeit als Sonderangebot für 199,99 €.

Papa: Beim Tchibo? I hab ma denkt, da verkaufans Kaffee. I kauf ja beim Schuaster aa koan Kaffee.

Bub: Stimmt net ganz, Papa, das Sporthaus Schuster, hat jetzt auch ein Café. Da kostn die Food-Heaven aber 249.– €. Da siegst, i mach meine Preisreserchen sehr genau.

Papa: Nimm dir a Beispiel an dene Derwische! Von dene hat koana Food-Heaven Schuah o, wett ma. (lacht) Und de haben bestimmt einen größeren Bewegungsradius wia de junge Leut. Euer sportliche Betätigung hoaßt doch meisten bloß Playstation, Googln und Surfen im Internet.

Bub:	Ja, ja, i woaß scho, mit dir konn ma net redn. Du kommst immer wieder auf dasselbe naus. Bis jetzt hab i von dir bloß erfahrn, dass ein Derwisch oaner is, der wo barfuaßat tanzt. Des hat der Onkel Werner beim letztn Gartenfest aa gmacht, wira a Maß zvui ghabt hat. Deswegn is der Onkel Werner doch no lang koa Derwisch.
Papa:	I hab dir doch gsagt, dass des Bsondere an am Derwisch is, dass er magische Kräfte hat.
Bub:	Glaubst du an magische Kräfte?
Papa:	Warum net? Es gibt mehr zwischen Himmel und Erde, wia, was mir vielleicht mit unserem Verstand erfassen können. Denk an die magischen Orte. Die Mama liest grad ein sehr interessantes Buch „Magische Orte in Bayern". Von einem gewissen Fritz Fenzl. Da steht drin, dass irgendwelche unterirdischen Adern, wenn sie se kreuzen eine ungeheure Wirkung auf de Menschen haben können, de wo se drüber aufhalten, positiv und negativ. Also in dene ganzen Hotels, wo der Fenzl aufführt, hat er lauter positive Schnittpunkte festgestellt. Deswegn habns alle für ganz umasonst eigladen.
Bub:	Und du sagst, es gibt aa negative Schnittpunkte.
Papa:	Genauso schreibt er der Fenzl. Wennst an am solch einem magischen Ort bist, is Hopfen und Malz verloren. Da hast weniger Chancen wiara Schneemann im Sommer.
Bub:	Na muaß i den Fenzl glei oruafa, ob er mir net bescheinigen kannt, dass unter unserer Schule lauter solcherne Krampfadern zusammenlaufen.
Papa:	Ja des daad dir so passen, de magischen Orte für deine Fünfer und Sechser verantwortlich macha. Aber sag amal, wia bist denn du eigentlich drauf kommen, daß'd mi gfragt hast, was a Derwisch is?

Bub: Ja mei, weil unser Mathematiklehrer gspannt hat, dass i alles von meim Naachbarn abgschriebn hab. Und dann hat er gsagt: As nächste Mal kriegst an Arrest, wenn i di nomal derwisch.

Der Traum

Igerl: Grüß Gott, Herr Doktor

Dr. Beck: Grüß Gott, Herr Igerl. Na wie geht's? Blutdruck in Ordnung?

Igerl: Ja mei, es geht schon. Bloß mit'm Schlafen hab i Probleme.

Dr. Beck: Aha. Haben Sie Schlafstörungen? Können Sie nicht einschlafen oder wachen Sie zu oft auf?

Igerl: Nein eigentlich nicht. Ich hab sogar einen gesunden Schlaf. Sozusagen die ganze Nacht hindurch. Aber halt, gesund ist der Schlaf eigentlich auch nicht so, wegen des Traumes.

Dr. Beck: Ach so. Sie haben irgendwelche schlimmen Träume?

Igerl: Eigentlich ist es immer nur ein einziger Traum. Kaum, dass ich eingeschlafen bin, träumt mir die ganze Nacht immer dasselbe.

Dr. Beck: Und was ist das? Nun schießen Sie mal los!

Igerl: Mir träumt die ganze Nacht, dass ich nicht schlafen kann.

Dr. Beck: Moment einmal. Also Sie gehen ins Bett und schlafen …

Igerl: Richtig ich schlaf wia a Ratz oder Hochdeutsch ein Murmeltier. Mit dem Unterschied, dass wahrscheinlich weder der Ratz noch das Murmeltier dasselbe träumt wie ich, nämlich dass er oder es nicht schlafen kann. Oder glauben Sie, dass Tiere solche ausgefallenen Träume haben können?

Dr. Beck:	Ich habe mich mit dem Kapitel Tier-Träume eigentlich nicht auseinandergesetzt. Aber Ihr Traum ist eigentlich auch schon recht ungewöhnlich.
Igerl:	Ungewöhnlich? Genau das ist das richtige Wort und vor allem anstrengend.
Dr. Beck:	Wieso anstrengend?
Igerl:	Also der Traum eigentlich weniger als wie das Danach. Weil ich nämlich immer völlig geschlaucht aufwach, indem dass ich ja sozusagen eine ganz und gar schlaflose Nacht verbracht hab. Deswegen hab ich auch noch dazu größere Probleme mit dem Klogehen.
Dr. Beck:	Klogehen? Aber da hab ich Ihnen das letzte Mal doch ein wirkungsvolles Mittel gegen Ihre äh, Verstopfung verschrieben. Hat das nicht gewirkt?
Igerl:	Schon. Aber meine Problematik beim Klogehen ist, dass ich eben, weil ich zwengs meinem Traum, dass ich nicht schlafen kann, untertags so müde bin, dass ich auf dem Klo häufig einschlafe und da wieder den blöden Traum habe, dass ich nicht schlafen kann.
Dr. Beck:	Das ist ja geradezu ein Trauma bei Ihnen.
Igerl:	Trauma? Ja genau das ist das richtige Wort. Ich trau ma manchmal gar nicht mehr zu schlafen zwengs dem blöden Traum.
Dr. Beck:	Bevor ich da zu irgendwelchen Psychopharmaka greife, sagen Sie, Herr Igerl, haben Sie es schon einmal mit den üblichen Hausmitteln versucht?
Igerl:	Was meinen's denn damit?

Dr. Beck:	Nun, ich meine, dass Sie, wenn sie träumen, dass Sie nicht schlafen können, sozusagen in Ihrem Traum also quasi als Träumender versuchen, Schäfchen zu zählen.
Igerl:	Genau das hab ich versucht, Herr Doktor.
Dr. Beck:	Na und, hat es geklappt?
Igerl:	Bedingt schon. Ich hab im Traum genau 1750 Schafe gezählt, die Zahl hab ich mir gemerkt, weil ich für mein altes Auterl noch 1750 Euro bekommen habe.
Dr. Beck:	Ja und dann?
Igerl:	Dann bin ich zufrieden eingeschlafen, weil der alte Karren ganz ehrlich gesagt keinen Tausender mehr wert gewesen wäre.
Dr. Beck:	Sehen Sie, Herr Igerl, also wenigstes ein bisserl was, wenn Sie wenigstens ein Mittel gefunden haben, zumindest im Traum einschlafen zu können.
Igerl:	Ja schon, aber jetzt kommt die Katastrophe: Kaum, dass ich im Traum eingeschlafen bin hab ich in eben diesem Traum einen Traum gehabt. Mir hat geträumt, ich tät träumen, dass ich nicht schlafen kann.
Dr. Beck:	Moment einmal. Sie haben geträumt, dass Sie geträumt haben?
Igerl:	Sehr richtig. Aber leider war der geträumte Traum ein Albtraum.
Dr. Beck:	Um Himmelswillen, das ist ja ein Ciculus vitiosus.
Igerl:	Genau! Das hab ich mir auch schon gedacht. Ist das ansteckend?

Dr. Beck:	Natürlich nicht. Aber vielleicht genetisch.
Igerl:	Wie meinen's denn des?
Dr. Beck:	Ich meine, ob Sie wissen, dass in ihrer Verwandtschaft auch solche Probleme aufgetreten sind oder auftreten. Ist beispielsweise ein Fall von Schlafwandeln bekannt?
Igerl:	Nein, eigentlich nicht. Aber halt, jetzt hab mas: Mein Großonkel Ludwig der war Nachtwächter. Aber der war angeheiratet. Und eine entfernte Cousine hat einmal in einer Nachtbar gearbeitet. Ich hab gehört, sogar „oben ohne", des Flitscherl, des. Normaler Weise erzähl ich das ja niemandem, aber wenns mich schon direkt danach fragen, zwengs der Genetik sozusagen.
Dr. Beck:	Ja, ja. Also ich glaube da kommen wir auch nicht weiter. Vielleicht sollten wir ein es einmal mit einer Heil-Schlaf-Kur versuchen?
Igerl:	Einer was?
Dr. Beck:	Heilschlafkur! Sie kommen in ein Schlaflabor und werden in einen 8-tägigen Schlaf versetzt.
Igerl:	8 Tage Schlaf? Um Gotteswillen. Und die ganzen 8 Tage träumt mir dann nix anderes als dass ich nicht schlafen kann? Keine 10 Rosse bringen mich in ein solchernes Schlaflabor. Glaubens mir, Herr Doktor, ich kann das Wort Schlaf nicht mehr hören.
Dr. Beck:	Nun, Sie können sich's ja immer noch überlegen, Herr Igerl. Jetzt schlafen Sie erst mal eine Nacht darüber. Auf Wiedersehen, Herr Igerl.

Die Bankenevolution

Bub: Du Papa, stimmt des, dass der Mensch vom Affen abstammt?

Papa: Wie kommst jetzt da drauf?

Bub: Das hama heut in Religion gelernt.

Papa: Von Eurerm Religionslehrer? Also nix mehr mit Adam und Eva? Und woher hat der Herr Mutzler gsagt, dass er des woaß?

Bub: Von einem gewissen Darwin.

Papa: Aso. Und in dem sein Stammbaum war am Anfang a Affe, bzw. ein Affenpaar?

Bub: Papa, mach koane blöden Witz. Sag ma liaber, wia des genau war.

Papa: Hat der Mutzler was von Evolution gsagt?

Bub: Ja genau. So hat des ghoaßn.

Papa: Ja na woaßt as ja eh. Alles ist Evolution, alles hat se entwickelt, aa der Mensch.

Bub: Vom Affen her?

Papa: Ja, ja aber der hat se eben auch entwickelt. Von am Fisch her. Man nimmt an, dass de Säugetiere alle ausm Wasser kommen san.

Bub: Haben de alle so guat schwimmen können?

Papa:	Besser schon wia du. Höchste Zeit, dass du auch an Schwimmkurs machst. In deim Alter hab i schon längst an Freischwimmer-Schein gmacht. Und du hast no net mal a Seepferdchen mit deine 12 Jahr.
Bub:	Jetzt lenk net ab. Also du hast grad gsagt, dass se alles entwickelt hat. Wann war denn des?
Papa:	Wann war denn des? So eine blöde Frage. Die Entwicklung war allerwei von Anfang o über Millionen von Jahren sozusagen.
Bub:	So lang scho.
Papa:	Bei der Evolution spielt die Zeit keine Rolle, de hat so vui wias wui. Net so wia mia heutzutag mit unserem Stress. De Evolution hat kein Stress nicht. De nimmt se sovui Zeit, wias braucht.
Bub:	Zu was braucht?
Papa:	Ja eben dafür, dass am End sowas wia der Mensch rauskommen ist. Am Anfang hats nämlich grad ganz winzige Dinger geben, de sogenannten Einzeller.
Bub:	Einzeller?
Papa:	Richtig. Und de ham se dann zu Mehrzellern zusammendo zum Beispiel zu den Insekten und dann is weiterganga. Immer mehra Zellen.
Bub:	Dann is der Elefant uns, was de Zahl der Zellen anbetrifft mir und dir weit voraus? Oder a der Onkel Hugo mit seine zwoarahalb Zentner.
Papa:	Es geht net nur um die Zahl also de Quantität, wenn dir des Fremdwort was sagt, sondern de Qualität. Übrigens, de Einzeller gibt's allerwei no. A paar haben de Evolution

net mitgmacht und de schiabn jetzt a wesentlich ruhigere Kugel, wia de höher entwickelten Viecher. De pflanzen se einfach, wenn eahna danach is, mit Zellteilung fort. Kein Problem mit Partnersuche, Partnerwahl oder wia des heutzutag heißt, Partnership und dem ganzen Ärger. A Einzeller, der teilt se einfach, wenn eahm danach is. Der braucht net amal wie beispielsweise der Auerhahn auf Balz gehen

Bub: Und warum haben dann solcherne Einzeller unbedingt bei dera Dings, dera Evolution mitmachen wollen?

Papa: Ja des frag i mi manchmal aa. Je einfacher oana gstrickt is, desto leichter duad er si. Des guit sogar für uns Menschen. Du woaßt doch, wia schwer ma's mit Leut hat, des wo bsonders kompliziert san. Deswegen hoaßts ja, dass de öfter an Komplex haben.

Bub: Du Papa, jetzt hab i a ganz a bsondere Frag. Sag mamal, wia is denn der oane Aff draufkommen, dass er gar koa Aff mehr is?

Papa: Des is eine sehr gute Frage. Also ich vermute, dass des damit oganga is, wiara ogfangt hat, dass er über sich selber nachdenkt. Wahrscheinlich war der Aff, der wo bei irgendeiner Gelegenheit zu sich selber gsagt hat: „Mei bin i a Aff", der erste Mensch. Vielleicht hat er se aber aa plötzlich gschamt, dass er bloß a solcher Aff is. Da fallt mir ein schöner Spruch vom Mark Twain ein: „Der Mensch ist das einzige Lebewesen, dass sich schämt, aber auch allen Grund dazu hat." Guat gell?

Bub: Papa, moanst du, dass de Evolution wolln hat, dass ma se wegen ihr schamt?

Papa: De Evolution denkt doch net über si selber nach. De entwickelt sich halt still vergnügt.

Bub: Was entwickelts denn?

Papa: Ja eben sich, sich selber. Da hats gnua damit z'doa. Des hast ja grad ghört, dass des an Haufn Zeit kost. Und hin und wieder muaß si si sogar umstellen.

Bub: Ha?

Papa: Man sagt net „ha", des hab i dir schon hundertmal gsagt. Umstelln, des hoaßt, wenn sie wieder amal gstört wurde durch irgendwas.

Bub: Duad ma Leid, Papa, des kapier i net.

Papa: Wenn irgend a so a blöder Zufall auftauchst. Sag ma amal, ein Meteorit oder Komet. Vielleicht hast schon aamal ghört,dass der Komet, der wo vor Millionen Jahr auf unsere Erden eingeschlagen hat, a ganze Menge von Viecher ausgrott hat, vor allem die Saurier.

Bub: De von dem Film Jurassic Park?

Papa: Von mir aus. Also wenn der Zufall net gwesn waar, na daads uns wahrscheinlich gar net gebn. Na hätt de Evolution vielleicht irgendwas an de Saurier rumentwickelt.

Bub: Was?

Papa: Des woaß doch i net. Jedenfalls stellt so ein Zufall de Evolution hin und wieder vor ganz andere Aufgaben.

Bub: Du Papa, konn des sei, dass se de Evolution, wenn's sieht, was mit den Menschen ogricht hat, de wo Bombn baun, dass den ganzen Stern mitsamt der ganzen Evolution in d' Luft jagn könna, plötzlich sagt: Jetzt langts aber. Jetzt drah ma um?"

Papa: Theoretisch waar des scho möglich. Von einer Evolution zu einer Revolution. Haha.

Bub: Jetzt versteh i an Pfunzelt Maxi sei Schwester, de Annemie, besser.

Papa: Was hat denn de Annemie damit z'doa?

Bub: Ja, weil Ihra so pressiert, dass unter d' Haubn kommt. Vielleicht hats Angst, dass wenn se si net schickt, wieder auf Zellteilung ongwiesn sein könnt.

Das virtuelle Leben

Bub: Du Papa, was is'n eigentlich virtuell?

Papa: Virtuell? Oh mei. Des is fei keine leichte Frage nicht. Virtuell? Des is des, was's eigentlich gar nicht richtig gibt.

Bub: Also sowas Ähnlichs wia 's Nix.

Papa: Na, net ganz Nix.

Bub: Net ganz Nix? Na waas ja no weniger wia nix? Und weniger wia nix gibt's net. Oder?

Papa: Eigentlich schon. Wennst in der Schui in Mathematik aufpasst hättst, wissatsd dass 1 minus 2 minus 1 ist. Oder? Woaßt, was i moan?

Bub: Ungefähr scho. Angenommen in unserem Schulbus san 30 Kinder, und es steigen 35 aus. Dann san bloß no minus 5 Kinder drin. Also müssen in der nächsten Station 5 einsteign, damit der Bus leer is.

Papa: Oha, mein Sohn der Herr Adam Riese.

Bub: Wer is jetz des wieder? Der Bruder von der Eva Zwerg? Hahaha. Aber deswegn woaß i immer no net, was virtuell is.

Papa: Also, na daad i sagn „unwirklich", etwas, was es in der Realität net gibt.

Bub: Moanst du vielleicht: Den Wiederaufstieg von deine Sechzger in die Bundesliga?

Papa: Sei net so unverschämt. Scho eher a Oanser in Mathematik in deim Zeugnis. Aber im Ernst, des is zwar sehr unwahrscheinlich aber no lang net virtuell. Da ghört mehra bzw. weniger dazu. Also, i daad sagn virtuell is des, was sich bloß im Hirnkastl abspuit. Also vielleicht ein Hirngespinst. Was, des wos nia gebn hat und gebn werd, z. B. a eckiger Kreis oder a Oktoberfest ohne Bierbudn.

Bub: Aber du hast scho was von Genmanipulation ghört. Da is fast nichts mehr unmöglich. Könnt ma vielleicht sagn, dass virtuell des is, was net gibt, aber möglich waar? So eine Art Traumwelt?

Papa: Gar net so schlecht. Heuzutag mit dene ganzen Medien, am Fernsehen, de Computer, des Internet und I-Pad entstenga immer mehr solcherne Welten. Wennst du aufn Knopf druckst, na bist scho drin. Da muaß ma aufpassn, bsonders Ihr jungen Leut.

Bub: Wiaso?

Papa: Ja weil ma vor lauter virtueller Welt möglicher Weise de Realität ganz aus de Augen verliert. Denk doch dro, du bist doch auch scho längere Zeit in dem Dings, dem Facebook. I woaß gar net, wast da allerweil drinna suchst.

Bub: Neischaugn.

Papa: Warum neischaugn?

Bub: Ob wer nachschaut.

Papa: Wo nachschaut?

Bub: Ob i neischaug.

Papa: Moment amal, wenn i die recht versteh, schaust du bloß in des Facebook, damitst nachschaust, ob wer neischaut, damit er siehgt, ob du nachschaust, ob er einischaugt.

Bub: Ja, so ungefähr!

Papa: Des i scho eine ganz besondere Form der Lebensgestaltung.

Bub: Aber von der Tante Gusti redst net, gell, de is in der Sendung „Dahoam is dahoam" mehra dahoam wia im richtign Leben. Da woaß ma ganz genau, wer was mit wem hat. Da lebts wirklich mit denen mit. Hoffentlich schreibts wenigstens ihr Testament net um.

Papa: Ja des is scho a Kreuz, dass viele mitm richtigen Leben nix mehr ofanga können.

Bub: Ja de Annemarie, die Schwester vom Pfanzelt Max buit se sogar ei, dass bei „Deutschland sucht den Superstar" mit am Liad vorsinga derf, bloß weiß beim Kirchenchor von St. Hedwig hin und wieder mitsingt. Derwei hätt's net amal bei der Muppet Show eine Chance. Höchstens als Miss Piggy.

Papa: Ja des Virtuelle is scho wirklich a Krankheit. Der Onkel Werner war ja allerwei schon ein Hypochonder. Seit er si aber de ganzen Klinik- und Arztserien oschaugt, buit er sich jede Krankheit, de wo drin vorkommt, ein.

Bub: Papa, wia stehts denn mit dir? Daadst net amal gern aa wo virtuell mitmischn? Bei „Lets dance" zum Beispui. Ihr wards doch früaher vui mit de Schießls beim Volkstanzen. Du mit der Frau Schießl an Zwiefachen tanzen? Waar des nix? Oder im Tatort als Kommissar? Du als alter Kriminalromanleser daadst doch an jeden Mörder schnappn. Also wia waars, Papa, eine ins virtuelle Leben! Raus ausm life live!

Papa: Dagegn spricht zumindestens oans.

Bub: Was denn?

Papa: Ja riachst as net? Der Mama ihr Schweinsbraten is glei fertig. Des is a Grund, warum i auf des Virtuelle pfeif. Den Schweinsbraten von der Mama iss i liaber life.

Fensterln

Hiasl:	Stell dir vor. Du woaßt doch, dass i alles, was i mach gründlich vorbereit. Heutzutag is ja schon bei unseren Grundschülern Kompetenz angesagt.
Lenz:	Stimmt, i hab ghört, dass de schon einen Kompetenz-Lehrplan haben.
Hiasl:	Also. I wollt mi im Fensterln absolut kompetent macha. Also hab i als Ersts an Vergleich mit geeigneten Leitern beim Obi, beim Praktiker, beim Hagebau und beim Hornbach gmacht. Dann hab i mir de beste Loater, de wo zur Zeit am Markt is, bsorgt.
Lenz:	Da hast recht ghabt. Mir is amal beim Fensterln a Sproßn abbrocha und i bin in Misthaufa neigflogn.
Hiasl:	Woaß i scho no. Aber hör zua: Dann hab i eigens no an Kletterkurs bei einem Schüler vom Messmer belegt und sogar ein Diplom dafür kriagt.
Lenz:	Respekt!
Hiasl:	Der Kursleiter hat uns dann de neuesten Kletterschuah empfohlen. Und weil ma als Kursteilnehmer Prozente kriagt haben, hab i mirs bsorgt. 598 € hams kost. Netto.
Lenz:	A stolzer Preis. Aber wanns sichs glohnt hat …
Hiasl:	Ja und dann hab i aa noch bei demselben Kurleiter einen Zusatzkurs mit Ausdauer- und Höhentraining gmacht.
Lenz:	Du warst schon allerweil ein Perfektionist, Hias.
Hiasl:	Richtig. Kompetenz geht über alles, bsonders heutzutag.

Lenz:	Ja und, hat dann alles klappt?
Hiasl:	Natürlich. I war dann aa in Rekordzeit obn.
Lenz:	Respekt!
Hiasl:	Ja da war dann bloß oa Problem: I bin am falschen Fenster gelandet.
Lenz:	Um Himmelswuin. Eppa beim Bauern?
Hiasl:	Na, bei der Madg, der Veronika.
Lenz:	Bei der Veronika. Ja so a Glück. Des is ja a wunderschöns Madl. Warum sagst du dann denn, dass des as falsche Fenstner war?
Hiasl:	Ja, weil i doch zum Schorsch, am Knecht wollt. Also servus. Bussi.

Gewaltspiele

Igerl: Ja Grüß Ihnen Gott, Frau Röckenwanger. Jetzt haben wir uns schon lang nimmer gsehn. Wie geht's?

Röckenwanger: Ja mei, der Herr Igerl. Nett,dass ma si amal wieder trifft. Jetzt hätt i si fast nimmer kennt. Habns zugnommen gell? Also da könnt ich Ihnen das neue Fitness-Studio Body-fit empfehlen. Da geht mein Schwager immer hin. Jeden Tag. Den solltens sehn, der hat jetzt eine Figur wiara Dionys oder wiara hoaßt. I habs zufällig gsehn, wiara in seim Heimgarten gearbeitet hat. Einen richtigen Waschbrettbauch hat der. Ganz im Gegensatz zu seim Sohn, meinem Neffen, dem Leon. Und des, obwohl der Bub erst 14 Jahr alt is. Wenn ma dem seine Kleidergrößen anschaut, meint man, man hat eine mathematische Gleichung vor sich Da wurlts grad so von X mal X. Aber sonst macht der Leon seine Eltern viel Freud. Ich freu mich immer wieder, wenn i seh, dass unsere Jugend viel besser ist als wie ihr Ruf.

Aber über die Jugend haben ja schon, das hab i neulich glesn, die alten Ägypter in ihren Hieroglyphen gjammert. Einer von ihnen ein gewisser „Sokrates" soll sogar gsagt haben: „Diese Jugend hat keine Tugend". Also was den Leon anbetrifft, stimmt das hint und vorn net. Mein Gott, wenn ich mirs' vorstell, wie des in unserer Zeit war. Ich habs ja hautnah miterlebt bei meine Brüader. Das warn vielleicht wilde Teufeln. Am schlimmsten war der Rudi. Kaum war d' Schul aus, sans schon verschwunden auf de nächste Wiesn, und da ist net schlecht zuaganga. Derfans mir glaubn, Herr Igerl. Was de alles angstellt haben. Mei, Spuizeug hat ma damals ja fast koans ghabt. Von wegen Bälle. Dass i net lach. Einen uralten Tennisball habns ghabt. Des war alles. Und der Rudi der hat sich nix gfallen lassen, gell, obwohl er ein richtiges Krisperl war. Könnens Ihnen vorstellen, wia de ausgschaut haben, wenns dann abends heimkommen sind. Sowas von dreckert.

Mei Mutter hat allerwei gsagt: „Steigts zerst amal aufn Tisch und hupfts runter. Na fallt der ärgste Dreck wenigstens glei weg."

Also da schauts heutzutag schon ganz anders aus. Wenn i da an den Leon denk. Der strawanzt net irgendwo in de Isarauen rum, sondern sitzt brav daheim und spielt mit seiner Dings, der Playstation. Da ist er an ganzen Tag beschäftigt, i hab eam amal zugschaut. Richtig bewundernswert is des, wie konzentriert der Bub bei dem Spielen da dabei is. Sie, Herr Igerl, des braucht fei a Konzentration. Kennens de Spiele? Also da können in eine jede Rolle reinschlüpfen, wenns wollen: Superman, Batman oder Spiderman. Und mit ein paar Fingerbewegungen auf so einen Drucker können alle, de wo sich gegen das Gesetz stellen, ausm Weg räumen. Vorausgesetzt man reagiert richtig, weil sich diese Ungetüme ja bewegen. Mei des solltens sehn, auf was man da alles schießen kann. Ganz harmlos natürlich auf irgendwelche Viecherl aus der heimischen Tierwelt wie Moorhühner, Graugänse, Papageien usw. Aber man kann auch auf Safari gehen und sogar Elefanten, Tiger und Krokodile erlegen.

Also da soll noch einmal einer was gegen den Fortschritt der Technik sagen, gell. Wenn ich mir da vorstell, wie mühselig des war an den Schießständen auf der Wiesn. Und was hat man dann kriegt, wenn man überhaupt was troffen hat? Eine Papierrose. Und zahlen hat man auch noch müssen für jeden Schuss. Den Leon kostet so ein Druckerer kein Cent. Des is alles drin bei einer Flatrate oder wie das hoaßt. Des könnt man ja auch gar nicht zahlen, wenn man so eine ganze sagma amal Elefantenherde abschießt. Aber nicht dass Sie meinen, der Leon schießt nur wirkliche Tiere ab. Da gibt es heutzutag schon phantasievollere Angebote Da können sie sich gar kein so scheußliches Monster ausdenken, das man das nicht für so eine Play-station zum Derschießen geliefert bekommen tät. Und das, wenns wolln, in rauhen Mengen. Also der Leon sagt immer wieder, er hat ein richtig gutes Gefühl, wenn er so ein Monster oder einen Zombie beseitigt, weil er die Menschheit wieder einmal von einem solchernen Ungeheuer befreit hat. Man weiß ja nie, gell Herr Igerl, wenn sich ein solchernes einmal selbständig machen tät und doch Wirklichkeit werden sollt. Und da ists halt gut, wenn man sie im Zaum hält, diese Bestien, so wie es der Leon tut.

Letztes Mal hab i gelesen, dass solcherne Spiele Gewalt fördern. Dass ich net lach. Ja wie sollt sich denn sonst heutzutag ein Jugendlicher, der wo vielleicht schon in die Pubertät kommt, abreagieren? Wenn's dann zu irgendeiner Rauferei kommt, da möcht ich net hörn was die Leut dann sagen. Davon abgesehen, dass beide Teile in der Regel was abbekommen. Und ausgerechnet der Leon, der wo sowieso so leicht Nasenbluten bekommt. Da ist schon besser, er setzt bloß seine Finger bei dem Drucker ein, als wie seine Fäuste, gell, Herr Igerl. Noch dazu, wo der Leon schon immer ein ausgesprochen sensibles Kind gewesen ist, das wo keiner Fliege was zuleide tun könnte. Nicht einmal ein Märchen haben seine Eltern ihm vorlesn dürfn weil die ja oft auch so grausam sind. Der hat sogar immer geweint, wenn der Hänsel die Hexe in den Ofen geschmissen hat. Oder beim Rotkäppchen, wo man den bösen Wolf am Schluss in den Brunnen geschmissen hat. Ja ja, da muss man sich nicht wundern, dass die Kinder bei solchernen blutrünstigen Geschichten dann irgendwo aggressiv geworden sind.

Also Herr Igerl, das war jetzt interessant, dass ich mich so nett mit Ihnen hab unterhaltn können. Und wenn ich Ihnen einen guten Rat geben darf, tuns was für Ihre Gesundheit, gehns viel spazieren und treibns a bisserl Sport. Net zu viel Fernsehn, Herr Igerl, gell. Denkens an Ihre Figur und merkens Ihnen das Sprichwort: „Es ist noch kein Feister vom Himmel gefallen".

Der Fremde

Fremder: Do you know the way to Hofbräu-Haus?

Igerl: Ha?

Fremder: Parlez-vous français?

Igerl: Was is?

Pfanzelt: Geh weiter, Alfons, der möcht doch bloß wissen, wias ins Hofbräuhaus geht.

Fremder: (Auf Ungarisch) Hogyan jutot es a Hofbräu-Hos?

Igerl: Nix verstähn.

Pfanzelt: Des is scheins a gebildeter Mensch. Wiavui Sprachen der spricht. Da schaust.

Igerl: Und was huifts eahm? Rein gar nix.

Pfanzelt: Dann sag i heut dem Herrn den Weg.

Igerl: Wenn ma in ein fremdes Land reist, sollte man halt die Landessprache lernen. Sonst is ma aufgschmissen. Sags eahm.

Pfanzelt: Mein Gott, Du alter Grantlhauer du. Moment amal, Herr Dings, i erklär's Ihnen. Mein Freund hört leider schlecht. Entschuldigens sehr.

Igerl: I hör net schlecht, i mag bloß net, weil i möcht, dass in unserem schönen München net irgendwelche falschen Töne reikommen. München soll münchnerisch, bayrisch bleibn. So wias is. Verstehst?

Pfanzelt:	Ja is scho recht. Jetzt passens auf Herr Mister, Señor, Monsieur oder was. Schauns her. Mia san ma jetzt da, am Stachus. Und des da is de Neuhauser Straße. Sehns dort glei rechts den Man-Ware-Shop, da, wo Sale draufsteht. An dem gengas vorbei, bis an den Kids Family-Outlet-Shop kommen. Dann gehns über d'Straßn, wo Print- und Copy-Factory steht. Und da gehns in de kloane Seiten-straße nei, den Hairdresser lassens links liegn bis hinter zu dem Note-book-Center. Da is a Back-Shop mit Cafe-to-go drin. Dann gengan's längere Zeit rechts – on the rigth – bis an den Moon-Call-Store hinkomma, dann jetzt links – on the left – abbiegen, net zu verfehlen, da sehns Tag und Nacht beleuchtet an großen Laden „Sex-World", jetzt rechts eine, na stehns vor dem NightClub Moon-Light-Power. Und dann? Ja und dann, dann fragen's am besten nomal. Des könnens fast gar net verfehlen, wenn Sie sich a bisserl an unsere alten schönen Münchner Geschäfte und Lokalitäten halten. Mei da gwohnan's Ihnen schon bald dran, dass des halt bei uns in München alles no a bis-serl urtümlicher und anders hoaßt wie in Eahnera Hei-mat, in Dings.
Fremder:	(schüchtern) Thank you, very much.
Pfanzelt:	Nichts zu danken, der Herr, mia san schließlich eine gast-freundliche Stadt, auch wenn man auf den erstetn Blick meint, mia daadn uns fremden Einflüssen verschließen und bloß unsere Traditionen pflegn. (zu Igerl) Siehgst as, Alfons, wia schön des is, wenn ma Leut an Gfalln doa konn und wia freundlich, dass er se bedankt hat. „Thank you" hat er gsagt. Des hoaßt „Ich danke Ihnen". Merk Dir's. So und jetzt hab i Hunger .
Igerl:	Des trifft se guat. Ich hab aa an gewaltigen Kohldampf, Wo geh ma denn heut hi zu essen? Zum Mc Donalds, zum Burger King oder ins Subway?

Klassenkameraden

(Im Wartesaal eines Zahnarztes)

Frau Treidinger: Ja grüaß Eahna Gott Frau Lieblein. Müassn sie aa zum Zahnarzt?

Frau Lieblein: Na, i wart auf mei Entbindung.

Frau Treidinger: Haha. Geh, sans doch nicht so bös.

Frau Lieblein: Ja wenn Sie so viel Zahnweh hättn, waar Eahna aa nimmer zum Lachen.

Frau Treidinger: Nix für unguat. Warn Sie schon öfter bei dem neuen Zahnarzt da? I bin 's erste mal da.

Frau Lieblein: Na, bei mir is aa zum erstn mal, i woaß gar net, wiara ausschaut der Herr Dr. Heidenreuter.

Frau Treidinger: Ja richtig, Heidenreuter heißt er. Wissen Sie, wie alt der Herr Doktor eigentlich is?

Frau Lieblein: Net genau.

Frau Treidinger: I frag bloß, weil bei mir in der Schulklass auch ein Heidenreuter gwesn is und 's Abitur mit mir gmacht hat. Ein fescher Bursch is des gwesn. Mei des waar lustig wenn er des waar.

Frau Lieblein: Mei des woaß i natürlich net. Aber schauns, da hängt ja sei Bild.

Frau Treidinger: Wo?

Frau Lieblein: Da an der Wand.

Frau Treidinger:	Um Himmelswillen, des konn er net sei. Der hat ja fast koane Haar mehr außer den paar grauen … A ganz a gfalterts Gsicht und ganz schön fett scheint er zu sein. Na des is er net. So alt. Na konn ers wohl nicht sei, so wia der ausschaugt.

Frau Treitinger wird in die Praxis gerufen.

Dr. Heidenreuter:	Grüß Gott, Frau äh, (schaut nach) Treitinger. Setzen Sie sich her.
Frau Treidinger:	Grüß Gott Herr Doktor Heidenreuter. Entschuldigung, ich hätt nur eine Frage im Voraus. Wo waren Sie denn in der Schule?
Dr. Heidenreuter:	Im Josef-Zilch-Gymnasium in Schwandorf.
Frau Treidinger:	Ah was? Und wann haben Sie denn da Ihr Abitur gmacht?
Dr. Heidenreuter:	Moment einmal, das muss 1985 gewesen sein.
Frau Treidinger:	Ja gibt's des aa. 1985 Ui. Dann kenn wir uns ja. 1985. Da war ich ja auch dabei.
Dr. Heidenreuter:	Ach was? Und in welchem Fach haben Sie denn unterrichtet?

Kraglfing soll (noch) schöner werden

Bürgermeister: Liebe Gemeinderatsmitglieder, ich komme nun zum Hauptpunkt unserer heutigen Sitzung, die auf den Antrag unseres Heimatpflegers Mohamed Üngür zurückgeht: „Kraglfing soll schöner werden". Ja, Frau Kriatkowski-Schnigelsen.

K-Schnigelsen: (sehr preußisch) Noch schöner werden: Sonst hört sich das ja so an, als wäre unser Kraglfing bisher potthässlich gewesen. Dagegen muss ich mich als Fremdenverkehrsbeauftragte doch wehren.

Gsottmaier: Fremdenverkehrsbeauftragte? Dass ich nicht lach. Unser „Alter Wirt" hat schließen müssen, weil er seit Jahr und Tag keine einzige Übernachtung mehr gehabt hat. Der einzige Fremdenverkehr findet zur Zeit statt, dass bei der Wohnung von unserer neuen Lehrerin alle Daumen lang a anders Auto steht.

Mohamed Üngür: Stimmt genau und das sogar über die Nacht über. Da kann man sich vorstellen, was unsere Kinder von der lernen. Den Sittenverfall verdanken wir bloß dem Fernsehen. Da sehn die Leut ja nix anders mehr wie Sex.

Bürgermeister: Darf ich bitten, wieder zur Sachen zu kommen. Bestimmt hat sich der eine oder die andere schon Gedanken gemacht, was wir alles tun könnten.

Gsottmaier: Zuerst amal müßt ma den Platz vorm Rathaus neu pflastern. Ein Schlagloch am anderen. Höchste Zeit werds.

Bürgermeister: Wissts ihr, was des kost? Da müß ma uns scho was anders eifallen lassen, indem wir beispielsweise de Straßenschäden irgendwie kosmologisch machen.

Gsottmaier: Was soll denn des hoaßn?

Bürgermeister: Wia waars mit einem Meteoriteneinschlag? Na leg ma irgend an solchern alten Brockn hin, der wo schuld war .Was sagts dazua? Und gleichzeitig kriegt der Platz an neuen Namen. Also nimmer Lehrer-Empfenzeder-Platz, sondern sag ma amal Enterprise-Place.

K-Schnigelsen: Keine schlechte Idee, aber ich warne vor zu vielen Anglizismen. Heut ist das Urige wieder mehr gefragt, the way to the roots. Ich sage es ja immer: Mut zu unserem schönen Boarischen Dialekt. Wie sagt unser boarischer Dichter: „Boarisch is foan." In dem Zusammenhang rege ich auch an, dass unser Bäckermeister Schwankl seinen Back-Shop wieder umbenennt und unser Friseur nicht mehr Hairdresser oder Hair-Killer hinschreibt.

Gsottmaier: Sehr richtig. Wia waars mit „Zum Baderwaschl". Und de Kramer-Zenz sollt, wenn's schon a Schuidl an der Tür braucht, nimmer „open" oder „closed" hihängen, sondern „Zuagsperrt is" Des waar originell.

Mohamed Üngür: Hervorragend. Dann könnte man unsere alte Sprache wieder ins Bewusstsein rufen: Statt unserer Play-Station beim Neuwirt könnten wir eine „Schafkopf-Stubn" oder ein „Watt-Kammerl" etablieren.

Bürgermeister: Ja wirklich eine gute Idee. Denkts auch nach, ob ma net no andere Locations in Kraglfing habn, de wo man wieder bajuwarisieren kaantn.

K-Schnigelsen: Das müssten aber auch unsere droa Wirte in die Tat umsetzen.

Mohamed Üngür: Wirte, dass ich nicht lache. Wir haben doch nur noch Ausländer als Wirte, nur noch einen Italiener und einen Griechen und den Wung Fung, der wo den Neuwirt übernommen hat.

K-Schnigelsen: Ja und? Dann sollen die halt ihre Spoaskartn zumindest ans Bayerische angloachen.

Gsottmaier: Da bin i jetzt gspannt.

K-Schnigelsen: Was ist dabei, wenn unser Italiener oder Grieche das Risotto als Roas anbietet, oder der Wung Fung soan Pflaumenwoan als Zwetschgen Woan bezeichnet? Und unser Kraglfinger Woaßbier wird sowieso schon bei allen ausgschenkt.

Bürgermeister: Zu weit dürfen wir allerdings auch nicht gehen, sonst müsste der Zwickel Schorsch in seim Fast-Food-Bistro statt seine „Hot-Dogs" zum Schluß no „Warme Hund" anbietn. Oder seine „Burger Kings" als „Kini Pflanzl" deklarieren. „Kini Pflanzerl"? Gar net so schlecht. Vielleicht sollt i mir den Namen patentieren lassen. Auf alle Fälle derfat unser Bäcker, der Schwankl, koa „Small Breakfast" mehr anbieten und der Grieche müsste statt sein „All you can eat" Angebot am Mittwoch was anders hinschreibn, z. B. „Sovui, wiast einebringst" Haha.

K-Schnigelsen: Wie wärs, wenn wir, was die Kultur von Kraglfing anbetrifft, auch mehr unseren Bavarian-Look geltend machen könnten.

Gsottmaier: Sehr richtig. Wenn i da dran denk, dass mir früher noch unsere Bräuche ghabt haben. Und eine schöne boarische Musi. Und jetzt: I glaub kein einziger von unsere Burschn konn noch Schuahplatteln. Bei der Halloween-Feier im Saal vom Fung Wung is 's letzte Mal die Mac Chicken Break-dance-Gruppe auftreten, lauter Burschen aus Kraglfing.

Bürgermeister: Und die Madln, die Gogo-Bunnies stammen auch aus unserem Ort. Solln sie halt wieder mehr im echt boarischen Dirndl auftreten und a bisserl mehr anziehen. Wie wärs, wenn sie in Zukunft vielleicht als die

Kraglfinger-Haserl ihre Lieder vortragen. Natürlich auch nicht mehr in Englisch, sondern in guat Boarisch, womöglich mit dem ein oder anderen Jodler dazwischen? Leut, was sagts?

K-Schnigelsen: Also Respekt, liebe Kollegen, das ist die erste Sitzung, wo wirklich etwas rausgekommen ist in unserem Gemoanderat. Jetzt habe ich aber noch eine riasige Idee. Wie wäre es, wenn wir auch ein Kraglfinger Hoamatlied, so etwa wie das Kufsteinlied in Auftrag geben würden? Davon verspreche ich mir eine ziamliche Public-Relations.

Mohamed Üngür: Ein Heimatlied? Gar keine schlechte Idee.

Gsottmaier: Ja aber über was soll denn dieses Heimatlied gehen? Denkts an das Kufsteinlied, wo's heißt: „Umrankt von Bergen", oder „am schönen Inn". Kraglfing hat weder Berge, noch einen gscheiten Fluss.
Da fällt mir das wohl bekannteste Heimatlied vom Helmut Zöpfl ein:

Verschlafa liegt der Königssee,
a Gamserl steht drobn auf der Höh,
horcht auf ein schönes Lied derwei,
wiegt sanft das Haupt zur Melodei.
Das Lied bis zu den Gipfeln dringt,
der Almenrausch im Rhythmus schwingt,
das Edelweiß, der Enzian,
sie fangen leis zu schunkeln an:
Du mein Gebirg, mein Loisachtal,
ihr Gletscherspalten breit und schmal.
Du Bergeswelt, so hehr und rein,
ich wollt, ich wär für ewig dein!
I gaang gern auf de Kampenwand,
wenn i mit meiner Wampn kaannt.

Wir haben kein Loisachtal und keine Kampenwand, keine Sennerin und keine Wildschützen, die wo man besingen könnte, keinen Königssee und nicht einmal irgend so ein mickriges Echo. Also woher nehmen und net stehlen?

Bürgermeister: Lasst uns doch darüber nachdenken, was wir in Kraglfing zu bieten hätten.

Mohamed Üngür: Vielleicht die 3 neuen Windräder? Oder die neue Kläranlage?

Bürgermeister: Stimmt. Die hat eine Unmenge Geld gekostet

K-Schnigelsen: Und was ist mit dem neuen großen Fitness-Studio „Body and Health", für das wir sogar unseren alten Theaterstadl abroaßn haben müssen? Das ist sogar bei der Nacht beleuchtet. Und das neue Möbelhaus von IKEA? Des is des größte im ganzen Landkroas. Da kommt doch oaniges zusammen.

Gsottmaier: Alles recht und schön, aber ich hab ein bisserl Bedenken, ob man daraus, äh so etwas wie eine Hymne machen kann.

Mohamed Üngür: Probieren geht über studieren.

K-Schnigelsen: Ich hätte da schön einen hübschen Roam:

Du oanzig schönes Kraglfing,
an dem moan Herz als Kind schon hing.
Ich war in Japan und Shanghai
am Nordkap, Tibet und Hawaii.
Ich hab beroast die ganze Welt
doch tauscht ich gar nichts auf der Welt
um gegen dich, mein Kraglfing,
an dem mein Herz als Kind schon hing.

49

In Kraglfing bin ich dahoam.
In Kraglfing da möcht i bloam.

Bürgermeister: Also Frau Kriatkowski-Schnigelsen, das hätte ich Ihnen nie zugetraut. So viel Heimatverbundenheit muss belohnt werden. Ich überreiche Ihnen spontan unsere Kraglfinger Medaille

„Power for home"

Und, was ihre Bemühungen um die bayerische Sprache anbetrifft, darf ich Ihnen noch ein kleines Gedicht mit auf den Weg geben:

Mundart
As Ziel wird im Bayrischen zum Zui,
a Spiel wird zum Spui.
Aber ein Spiegel wird nicht zum Spuigel
und ein Ziegel wird nicht zum Zuigel,
sondern zum Spiagl
oder zum Ziagl.
Manches „Ei" wird zum „Oa",
eins und zwei: onas und zwoa.
Doch schon bei der Drei
ist's mitm „Oa" vorbei.
Heiß is zwar hoaß,
aber leis is net loas.
A Geißbock is a Goaßbock,
aber Eisstock koa Oasstock.
As Viel is zwar vui,
aber 's Nie is nia nui.
Oamal ui, oamal ia,
da braust fei a Gspüa.
Oamal ei, omala oa,
da hast fei was z'doa,
bis ma des woaß.
… Und des bsonders als Proaß.

Kreuzworträtsel

Bub: Du Papa, gib mir doch bittschön Briefmarken. Ich hab nämlich grad das große Bayern-Wochenend-Rätsel gelöst. Und jetzt möcht ich das richtige Lösungswort einschicken. Vielleicht kriag i sogar den Hauptgewinn.

Papa: Du, a Rätsel, noch dazu ein Kreuzworträtsel? Da werd was Gscheits rauskommen sein bei deinem Wissensstand.

Bub: Guat, dass du net als Motivator beim FC Bayern arbatst, sonst daad der sogar gegn de Betriebsmannschaft vom FC Voglwirt verliern.

Papa: Ja guat, dann lass mi amal nachschaun, wasd alles zsammgschriebn hast! Ui, Entdecker Amerikas: „Colombo". Um Gottes Willen. Erfinder des Gordischen Knotens: Oh jeggerl: „Angela Merkel". Des gibt's ja net.

Bub: Mei, i hab mir halt denkt, des waar wieder amal so a neue Frisur von unserer Bundeskanzlerin.

Papa: 11 waagrecht: Begründer des Wiener Waldes. Jahn. Ja, aber was hast du denn gschriebn: „Händl". Sag einmal, des war doch ein Komponist. 12 senkrecht: Große Wüste. Warum schreibst denn da „Zenz". Des is doch deine Geographie-Lehrerin.

Bub: Ja de is ja groß und wüast.

Papa: Ort einer großen Schlacht der Griechen. Hoffentlich hast Salamis oder Marathon gschriebn. Na, da steht „Brüssel".

Bub: I hab aber neulich glesn, dass die Griechen die Schlacht in Brüssel gewonnen haben. Sonst waarns jetzt total pleite.

Papa: 16 waagrecht: Erbauer der Arche Noah. Also des is ja a Witz. Was schreibstn da: „Moses". Oh mei. 24 waagrecht: Höchste Erhebung in Deutschland. Was steht denn da: „Nürnberg". Ja wia kommst denn da drauf?

Bub: Weil der FC Nürnberg allerweil ein ganzes Jahr fürn Abstieg braucht.

Papa: 32 senkrecht: Von wem stammt der Schimmelreiter? Storm, is doch klar. Und du schreibst: „Schockemöhle". Das ist doch ein Turnierreiter.

Bub: Aha, deswegn hat der Name aa net gscheit zwengs de vielen Buchstaben neipasst.

Papa: Schau ma amal, wias weitergeht. Bis jetzt war no koa oanzige Antwort richtig. Großer Philosoph mit Vornamen Immanuel. Und du schreibst „Beckenbauer". Der Immanuel Kant waars gwesn.

Bub: Hab i mir doch gleich denkt, dass was net stimmt. Dass der Beckenbauer Immanuel hoaßt, waar ma aa neu gwesn. Aber von dem Kant hab i no nia was ghört. Bloß von seiner Frau.

Papa: Wiaso von seiner Frau?

Bub: Der Kantine. Ha ha ha.

Papa: Also mia is 's Lachn scho lang verganga. Schau bloß hi: Chinesische Kochspezialität: „Hunsrück" schreibt der Mensch. Name des ersten Autos. Warum schreibstn da Ford?

Bub: Also des müassast du ja am bestn wissen, wosd' oiwei sagst, dass du so bibelfest waarst. Im Alten Testament steht doch in der Genesis: „Sie sündigten in einem Ford".

Papa:	14 waagrecht: Ergänzen Sie ein bekanntes Sprichwort „… nach Athen tragen". Und du hast gschriebn „Euros". Da hast jetzt ausnahmsweis amal Recht. Ah ah ah. Was is jetzt des, 26 senkrecht: Bekannte Sagenfigur halb Tier, halb Mensch. Centaure halt. Und du schreibst „Schweinsteiger". Da bleibt einem ja wirklich die Spucke weg. Sag amal, gehst du beim Lehrer Baum in d' Schui von der Baumschule?
Bub:	Mei, wenn mia halt des Falsche lernen in der Schui.
Papa:	I sags ja allerweil. Unser Schulsystem ist eine Katastrophe. Vor a paar Jahr hat der Kultusminister Hans Maier, des war no a echt guater, amal gsagt: „Heutzutage wissen unsere Schüler immer weniger über immer mehr, oder immer mehr über immer weniger. Aber Ihr wissts ja immer weniger über gar nix, ha ha. Wenn i da an früher denk. I konn heut no den Knaben im Moor aufsagn (beginnt): „Oh schaurig ists übers Moor zu gehen, wenn es wimmelt vom Heiderauche, sich wie Phantome die Lüfte drehn und die Ranke …"
Bub:	Passt scho, Papa, ich glaub dir's schon.
Papa:	Mia ham aa früher noch am Samstag Unterricht ghabt und net alle Daumenlang Ferien wia ihr.
Bub:	Früher, früher. Des war aa a andere Zeit. Da wolltn de Leut au no in Himmel. Heut wollens bloß no ins Fernsehen kommen. Ha ha ha
Papa:	Ja und früher hat ma no a gscheits Grundwissen ghabt.
Bub:	Für was brauch i a Grundwissen, wenn i was wissn wui, nacha google i's mir her. Außerdem gibt's heut garantiert mehra Hochbegabte wia früher. Bei uns in der Klass ham ma aa oan, an Kai Uwe.

Papa:	So und an was kennt ma nacha des?
Bub:	Weil er an hohen ADHS-Quotienten hat, hat sei Muatter gsagt, Legastheniker is er aa und Ritalin darf er aa scho nehma. I möcht aa amal oans.
Papa:	So ein Schmarrn. Mia ham no ganz einfache Sachen kennt, aber des gscheit. As kloane und große Einmaleins, Wurzelziagn.
Bub:	Wurzelziagn? I wui doch net der Zahnarzt Dr. Euba wern. Und was mi anbetrifft, i bereit mi sehr intensiv auf mei Doktorarbeit vor.
Papa:	Doktorarbeit? Du?
Bub:	I woaß zumindest, wia so a Doktorarbeit geht. Heut hab i nämlich fast die ganze Arbeit von meinem Nachbarn abgschriebn. Ha ha ha.
Papa:	Jetzt lenk net ab. I möcht liaber wissn, warum du vorher gsagt hast, dass du des Kreuzwort-Rätsel gelöst hast.
Bub:	Ja weil de net des ganze Kreuzwort-Rätsel wolln, sondern bloß des Lösungswort.
Papa:	Und du buidst dir ei, du hättst da a Chance. Eher gwinnt ja eine Wanderdüne einen olympischen 100-m-Endlauf wia du beim Rätsellösen.
Bub:	Und i hab des Lösungswort trotzdem. Da hats nämlich ghoaßn: Die richtigen Buchstaben ergeben den Namen eines berühmten bayerischen Musikers und Dirigenten, der wo am 29.05.2013 seinen 85. Geburtstag feiert. Er ist außerdem Mitgestalter des Bayerischen Kindergarten-Bildungsplanes und Träger des Werner-Egk-Preises. Außerdem der Hauptkunde von Red Bull. Ja da hab i mir scho denkt, wer des sei könnt. Aber ganz sicher bin i mir

erst wordn, wiari no glesn hab: Pressack-Lieferant, na hab i gwusst: Des kann nur der Zilch Sepp sei.

Papa: Stimmt. Aber jetzt sagst mir bloß no, warum der Zilch der Hauptkunde von Red Bull sei soll. Meines Wissens trinkt der des Zeugs überhaupt nicht, der braucht se net aufputschen mit irgendwelcherne Energie-Drinks. Der Zilch halts lieber mit am gscheitn Weißbier beim Voglbauer. Also, was hoaßt jetzt Hauptkunde bei Red Bull?

Bub: Da siehgst na amal wieder, dass du überhaupt net up to date bist. Du woaßt doch, dass der Zilch alle Daumen-lang an Auftritt hat. Und was braucht er dazua? An Flü-gel halt.

Papa: Ja und?

Bub: So und wia hoaßt de Werbung von Red Bull? „Red Bull verleiht Flügel".

Das Trojanische Pferd

Tester: Wie war doch gleich Ihr Name?

Odysseus: Odysseus

Tester: Gut, Herr äh Odysseus. Wir sind beauftragt im Hinblick auf Ihre strategische Tauglichkeit einen Intelligenztest zu veranstalten. Von ihm wird abhängen, ob wir Ihren Plan über die Eroberung Trojas zustimmen können.

Odysseus: Dauert so ein Test nicht zu lange? Ich meine es ist höchste Zeit, weil sonst …

Tester: Bevor wir nicht wissenschaftliche Fakten haben, ist es unverantwortlich, ein Projekt zu starten.

Odysseus: Na gut.

Tester: a) Ordnen Sie die entsprechenden Begriffe dem „Pferd"
zu:
❏ Haustier
❏ Hohlkörper
❏ Zugtier
❏ Reittier

Welcher Begriff passt hier nicht?
b) Welche Eigenschaftswörter passen zum Pferd, welches nicht:
❏ schnell
❏ ausdauernd
❏ treu
❏ hölzern

Tester: Ich muss Ihnen leider mitteilen, Herr äh Odysseus, Sie haben den Intelligenztest nicht bestanden, denn Sie haben total falsch zugeordnet. Zu Pferd haben sie den Begriff Hohlkörper angekreuzt und das Eigenschaftswort hölzern. Das entspricht in keiner Weise den erwarteten Testantworten. Ich weiß nicht, wie Sie so unsinnige Zuordnungen gefunden haben. Also jedenfalls sind Sie für die Eroberung von Troja absolut ungeeignet.

Pferde-Outing

Reporterin: Herzlichen Dank, dass Sie mich heute in Ihrer Western-City zu dem angekündigten Coming-Out eingeladen haben. Ich bin gespannt was mich bzw. uns da erwartet, Old Rider.

Old Rider: Genau das, dass ich nicht länger als „Rider" fungieren möchte.

Reporterin: Sie wollen also äh, mehr oder weniger als der singende Cowboy zurücktreten.

Old Rider: Ihaha ja. Aber nicht wie Sie meinen. Ich werde die Westernstadt weiterhin leiten, aber in einer anderen Funktion. Nicht mehr als Reiter, sondern als Pferd.

Reporterin: Als Pferd? Ich höre wohl nicht recht?

Old Rider: Doch doch. Ich gestehe hiermit in aller Öffentlichkeit, dass ich erkannt habe, dass meine wahre Natur die eines Pferdes ist.

Reporterin: Ach was? Und seit wann fühlen sie sich schon als Pferd?

Old Rider: Eigentlich schon früh. Es begann schon in meiner Zeit als Fohlen.

Reporterin: Und was war da das Besondere?

Old Rider: Mein liebster Spielkamerad war mein Schaukelpferd.

Reporterin: Sonst noch was?

Old Rider: Meine frühe Liebe zum Hafer. Haferflocken und Haferbrei sind bis heute meine Lieblingsnahrung.

Reporterin:	Deswegen haben sie sicher auch so viele Pferdelieder gesungen, wie: „Alter Schimmel, hüa, ho", oder „Es hängt ein Pferdehalfter an der Wand".
Old Rider:	Ja, ja. Schon als Kind war das Lied „Hopp hopp hopp, Pferdchen, lauf Galopp" mein Lieblingslied.
Reporterin:	Hochinteressant. Aber nun eine delikate Frage: Wie stellen Sie sich Ihre Zukunft als Pferd vor? Werden Sie auch weiterhin Cowboy-Lieder singen? Oder haben Sie schon einen Nachfolger?
Old Rider:	Jein. Mein Kompagnon Old Muffy ist ja schon lange Zeit mein Steigbügelhalter. Aber er verfügt leider über keine gute Stimme. Deshalb werden wir in Zukunft gemeinsam auftreten. Er als Cowboy und ich als das „singende Pferd". Apropos kennen Sie den Witz: Wie bekommt man ein Pferd in eine Zündholzschachtel?
Reporterin:	Leider nein.
Old Rider:	Indem man zuerst die Zündhölzer herausnimmt. Oder noch einer: Eine Blondine fragt ihren Freund. Siehst du die Kuh dort auf der Weide? Ich hab immer gemeint, dass Kühe Hörner auf dem Kopf haben. Ihr Freund: Das kann schon einmal als genetischer Defekt vorkommen. Aber in diesem Fall ist es ein Pferd.
Reporterin:	Das ist ja zum Wiehern. Eine letzte Frage. Können Sie sich vorstellen, dass auf Grund Ihres heutigen Coming-Outs jetzt weniger Besucher in ihre Westen-Stadt kommen? Wie werden Sie eventuelle finanzielle Defizite ausgleichen?
Old Rider:	Indem ich mich ganz meiner Karriere im Pferdesport widme. Erst letzten Sonntag habe ich ein Riem wieder einen ersten Platz im Trabrennen gewonnen. Ich bin der-

zeit gut in Schuss. Wenn Sie wollen, können Sie gleich am Wochenende auf mich setzen.

Reporterin: Herzlichen Dank für das Interview und den guten Tipp.

Plagiatsgedanken

Prof. Dr. Blümel: Liebe Kolleginnen und Kollegen. Ich habe Euch heute mehr oder weniger äh, zu einer adhoc Sitzung einberufen, weil es ein großes Problem gibt.

Dr. Granetsvogel: Ja ich weiß schon. Wegen des Veganer-Tages in der Mensa. Ich bin dafür, wenn ich an die armen Tiere denke, die an jedem Fleischtag ihr Leben lassen müssen.

Prof. Dr. Blümel: Nein, nein Frau Kollegin, das ist heute nicht das Thema. Es geht um etwas wesentlich Brisanteres.

Dr. Wrsmiczek-Hingerl: Multi-Kulti?

Prof. Dr. Blümel: Auch nicht. Wie Sie sehen, habe ich heute als Gast den OECD-Experten Direktor Schleichele eingeladen, der versprochen hat, uns mit Rat und Tat zur Seite zu stehen. Grüß Gott, Herr Direktor!

Schleichele: Guten Tag.

Prof. Dr. Blümel: Ich sage es knapp und präzise: Es geht ums Plagiat.

Dr. Granetsvogel: Um Himmelswillen. Nicht schon wieder. Ist überhaupt noch einer vom Kabinett übrig, der bei uns nicht plagiiert, äh ich meine promoviert hat?

Prof. Dr. Blümel: Ja der Herr Staatssekretär Dr. Wollnitz, aber der ist Ehrendoktor bei uns, weil er doch den neuen Kaffee-Automaten für unser Dozentenzimmer gestiftet hat. Der ist aus dem Schneider. Bitte Frau Kollegin Granetsvogel.

Dr. Granetsvogel:	Also ich nehme Kaffee immer mit Milch. Ich bin Vegetarierin und kein Veganer, das finde ich auch etwas übertrieben. Warum sollte man denn beispielsweise keine Milch oder Eier essen? Es sei denn, die Produkte kommen von einer Massentierhaltung.
Prof. Dr. Blümel:	Herr Schleichele, Sie gelten als der Experte für Bildungsfragen. Sie haben sich große Verdienste mit Ihrem Slogan „Bildung für alle" erworben. Seit Ihrer Initiative ist die Zahl der Abiturienten sprunghaft angestiegen. Aber ich sehe da ein neues Problem auf uns zukommen. Mit jedem neuen Abiturienten steigt die Gefahr, da derselbe formal in der Lage ist, eine Doktor-Arbeit zu schreiben.
Schleichele:	Und wo ist da das Problem?
Prof. Dr. Blümel:	Jeder neue Doktor birgt in sich die Gefahr, dass sich irgendwann einmal herausstellt, dass er äh, hm …
Dr. Wrsmiczek-Hingerl:	Ich habe meinen Doktorgrad ehrenvoll erworben. Auf sage und schreibe 378 Seiten habe ich das kasachstanische Primärschulsystem mit dem in Grönland verglichen.
Prof. Dr. Blümel:	Frau Kollegin Wrsmiczek-Hingerl, kein Mensch stellt die einwandfreie wissenschaftliche Qualität Ihrer Arbeit in Frage.
Dr. Wrsmiczek-Hingerl:	Wussten Sie, dass der Biologie-Unterricht in Grönland überhaupt nicht auf das Thema „Bienen" eingeht?
Dr. Granetsvogel:	Mich würde interessieren, ob bei den Veganern auch Honig verpönt ist. Honig könnte ein ernster

	Grenzfall sein. Irgendwie ist er ja auch ein Tierprodukt. Oder wie sehen Sie das?
Prof. Dr. Blümel:	Herr Schleichele welche Möglichkeiten sehen Sie konkret, die Gefahr von noch mehr Plagiatsfällen zu reduzieren?
Schleichele:	Vielleicht sollten wir grundsätzlich eine noch höhere Abiturentenquote anstreben. Ich denke so um die 130%.
Prof. Dr. Blümel:	Das ist aber sehr hoch gegriffen.
Schleichele:	Ich weiß, die Kenntnis des Lesens und Schreibens stellt bisher noch immer eine gewisse Hürde dar. Aber in meinen Fachkommissionen arbeiten wir schon seit Jahren Lese-und Schreibreformen aus, die das Erlernen dieser Kulturtechniken auf ein Minimum reduzieren.
Prof. Dr. Blümel:	Ich glaube, Sie denken da vor allem an das sog. Freie Schreiben, das das Rechtschreiben auf ein Minimum reduziert hat.
Schleichele:	Sehr richtig. Das Problem ist allerdings, dass wir noch immer auf Buchstaben angewiesen sind.Auch ein Rechtschreibfehler ist ohne Kenntnis das ABC's nicht möglich. Das Alphabet ist nach wie vor so etwas wie das Fleisch in der Suppe.
Dr. Granetsvogel:	Suppen lassen sich heute längst ohne jedes Fleisch herstellen. Ich kann Ihnen versichern: Sehr schmackhaft.
Dr. Wrsmiczek-Hingerl:	Im kasachstanischen Schulsystem wird ab der ersten Klasse großen Wert auf Kochen und handwerkliches Werken gelegt. Die Grönländischen

Schulen arbeiten mehr mit Gefrierkost, wenn sie mich verstehen.

Dr. Granetsvogel: Wir dürfen aber auf keinen Fall den Irrtum begehen, dass wir etwa den Fische als eine vegetarische Nahrung ansehen. Ich denke mit Entsetzten an Fischfarmen, die bereits heute die Bedrohlichkeit von anderen Massentierhaltungen erreicht hat.

Prof. Dr. Blümel: Glauben Sie allen Ernstes, Herr Schleichele, wir sollten es wagen, ein Schulsystem zu kreieren, das ohne Kenntnis von Buchstaben auskommt?

Schleichele: Wir haben sogar schon erfolgreich an unseren Bildungsschwerpunkten in diversen Gesamtschulen z.B. in Berlin Experimente durchgeführt.

Prof. Dr. Blümel: Ach was? Mir welchem Ergebnis?

Schleichele: Natürlich handelt es sich um Langzeitstudien. Aber diese haben bisher ein eindeutig positives Ergebnis im Hinblick auf eine Plagiatsvorbeugung geführt.

Prof. Dr. Blümel: Ach was? Schießen Sie los!

Schleichele: Die Arbeitsmoral hat sich bei allen Schulabgängern eindeutig gesteigert. Wir haben keinen einzigen Fall mehr von Abschreiben. Und ich versichere Ihnen, Abschreiben bei Doktorarbeiten also Plagiate wird es in Zukunft nicht mehr geben.

Prof. Dr. Blümel: Und wie soll das möglich sein?

Schleichele: Nun denken Sie doch mal logisch. Analphabeten, die weder lesen noch schreiben können, sind auch nicht in der Lage abzuschreiben. Kapiert? Das

Thema Plagiat ist in absehbarer Zeit ganz und gar vom Tisch.

Dr. Granetsvogel: Und ich bin nach wie vor der Meinung, dass wenigsten einmal in der Woche kein Fleisch auf den Tisch kommen sollte.

Dr. Wrsmiczek-Hingerl: Erlauben Sie mir noch eine weitere Abschlussbemerkung im Anschluss an meine Doktorarbeit? In Grönland ist heißes Wasser eine echte Rarität. Bevor man es wegschüttet, friert man es lieber ein.

Selbstgespräche

Dr. Gran: Grüß Gott, Herr Igerl. Wie geht's? Kann ich was für Sie tun?

Igerl: Grüß Gott, Herr Doktor. Also mein Problem ist weniger ein leibliches, sondern eher, wie soll ich sagen, ein Dings, ein sprachliches.

Dr. Gran: Ein was?

Igerl: Ja wissens, es hat mit der Sprache zu tun.

Dr. Gran: Aha. Haben sie vielleicht Probleme mit Ihren Stimmbändern?

Igerl: Nein eigentlich nicht so sehr. Weil ich für das, was ich meine, eigentlich gar keine besondere Stimme nicht brauche. Es geht mehr um einen interne Form des Gespräches.

Dr. Gran: Interne Form?

Igerl: Ja ich meine Selbstgespräche. Wissens, ich rede da nicht sehr laut mit mir selber, allenfalls flüsternd.

Dr. Gran: Ja und wo ist jetzt das Problem?

Igerl: Ja mei. Ich hab mich früher so gut mit mir selber unterhalten. Richtig gut getan hat mir ein so ein Gespräch mit mir selber immer, weil ich den Eindruck gehabt habe, dass ich selber einer der wenigen oder vielleicht sogar der Einzige bin, der wo mir zuhört und mich vor allem ausreden lässt. Und ich …

Dr. Gran: Entschuldigen Sie, wenn ich Sie unterbreche.

Igerl:	Sehen Sie, das ist es. Sie lassen mich ja auch nicht ausreden. Was mit vor allem immer gut getan hat, war das Verständnis für mich, wenn ich über ein persönliches Problem mit mir gesprochen habe.
Dr. Gran:	Ja nun, worin besteht den nun Ihr Problem?
Igerl:	Seit einiger Zeit klappt es einfach nicht mehr. Ich komm mit mir nicht mehr zurecht.
Dr. Gran:	Was soll das heißen?
Igerl:	Irgendwie hab ich den Eindruck, dass ich mir zum Beispiel nicht mehr gescheit zuhöre.
Dr. Gran:	Sie hören sich nicht mehr zu, wenn Sie mit sich reden. Nun hören Sie mal.
Igerl:	Ja, Ihnen hör ich ja zu. Aber mit mir selber hab ich Schwierigkeiten. Ich fahr mir immer dazwischen, wenn ich noch etwas zu sagen hätte. Können Sie sich vorstellen, wie unangenehm das ist?
Dr. Gran:	Nun, eigentlich nicht so recht.
Igerl:	Also ich bin ja von Haus aus ein recht gutmütiger Mensch. Und ich muss auch nicht immer recht haben. Aber ich vertrags halt nicht, wenn man mir ständig bei allem, was ich sag, widerspricht. Kaum, dass ich was sag, schon heißts „Aber, aber". Können Sie sich vorstellen, dass ich da manchmal recht unwirsch darauf reagiere?
Dr. Gran:	Hm, nun ja.
Igerl:	Dann kommts natürlich schon vor, dass ein Wort das andere gibt. Und kaum hab ich angefangen, mit mir nur ein paar Worte zu wechseln, befinde ich ich im schönsten Streit mit mir selber. Das letzte Mal hab ich sogar eine

Baldriantablette schlucken müssen. Sie haben ja selber gesagt, ich soll mich nicht so aufregen, wegen meines hohen Blutdruckes. Da helfen dann die ganzen Mittel nicht, die wo Sie mir verschrieben haben. „Willst du jetzt", so hab ich mich das letzte Mal gefragt, „allen Ernstes, dass mich noch einmal der Schlag trifft?"

Dr. Gran: Ja und was haben Sie sich auf die Frage geantwortet?

Igerl: Das kann ich Ihnen schon sagen. Die wortwörtliche Antwort war: „Das ist mir Wurst." Stellen Sie sich vor. Kein Wort des Bedauerns. Eigentlich sollt ich es ja wirklich einmal darauf ankommen lassen. Aber ich möchte nicht wissen, was dann los wäre, wenn niemand mehr da wäre, der wo mir in meinem Selbstgespräch eine Antwort gibt. Sagen Sie einmal, Herr Doktor, woran kann denn das liegen, dass ich mich mit mir einfach nicht mehr verstehe?

Dr. Gran: Und seit wann haben Sie diese äh, Dissonanz mit sich selber? Können Sie das eventuell zeitlich datieren?

Igerl: Dissonanz? Sie meinen, seit wann ich mit mir immer in die Haare gerate? Moment, ich glaub, so richtig angefangen hat das damals, als ich festgestellt habe, dass ich mich nicht mehr auf mich verlassen kann.

Dr. Gran: Und wann war das?

Igerl: Ja das ist jetzt eine längere Geschichte. Bei uns in der Volkartstrasse 50, wo ich wohne, ist ein Stockwerk tiefer eine neue Mieterin eingezogen, eine fesche Mitfünfzigerin. Ich bin mit ihr bald ins Gespräch gekommen, weil wir uns ein paar Mal begegnet sind, wie ich meinen Schnauzer Elvis und sie ihren Mops, die Ludowika Gassi geführt haben.

Dr. Gran: Das scheint ja nun wirklich eine längere Geschichte zu werden …

Igerl: Jetzt wartens ab, Herr Doktor. Ich machs ganz kurz. Voriges Jahr finde in meinem Briefkasten eine Einladung von dieser Frau Honig, so heißt sie nämlich, für den Rosenmontag zu einem geselligen Zusammensein in ihrer Wohnung. Die Einladung war recht humorvoll mit ein paar bunten Konfettis ausgeschmückt. Kommen Sie zu unserem „Maja-Abend". Darunter ist gestanden. Ich freue mich auf Ihr Kommen. Ihre Sabine Honig. Da hab ich mich natürlich sehr gefreut und auch gleich zugesagt. Spontan sozusagen.

Dr. Gran: Ja und?

Igerl: Rosenmontag, Konfettis, Sabine Honig. Mei hab ich mir gedacht, das wird ein netter kleiner Maschkera-Abend in alter Neuhauser Tradition. Und dann hab ich mich gefragt: Was soll ich denn da anziehen? Zufälliger Weise entdecke ich beim Einkaufen im Kaufhof am Rotkreuzplatz in der Faschingsabteilung ein um die Hälfte reduziertes Kostüm für eine Biene Maja. „Des passt", hab ich zu mir selber gesagt. Maja-Abend. Sabine Honig. Verstehens?

Dr. Gran: Noch nicht ganz.

Igerl: Also ich habe mich an dem besagten Rosenmontag mit dem Biene-Maja-Kostüm bekleidet und habe als Mitbringsel noch ein Glaserl besten Waldblütenhonig mitgenommen, des wo ich von meinem Cousin, dem Manzenrieder Helmut aus dem bayerischen Wald geschenkt bekommen habe, und dazu ein Flascherl Met, einen Honigwein, den wo ich noch eigens besorgt habe. Dann habe ich nochmals lange in den Spiegel geschaut und mich gefragt, ob ich so gehen kann. „Ja selbstverständlich, alles in bester Ordnung", war die Antwort. Erst dann habe ich bei der Frau Honig geläutet. „Ja Grüß Gott, Herr Igerl", hat sie gesagt, „kommen Sie von einem Faschingsball?" Dann hat sie furchtbar gelacht und gemeint: „Setzen Sie sich ruhig zu unserem Maja-Kreis dazu. Der Herr Generalkonsul Otto Eckart hat gerade seinen interessanten Vortrag über die Geschichte der Majas begonnen. Es gibt auch ein paar kleine Spezialitäten aus Guatemala." Sie können sich vorstellen, wie die Leute geschaut haben, wie ich mich in meinem Biene-Maja-Kostüm zu ihnen gesetzt habe. Ich kann Ihnen sagen, es war die größte Blamage in meinem Leben. Gott sei Dank ist die Frau Honig schon bald darauf wieder ausgezogen. Ich hab peinlichst darauf geachtet, dass ich ihr nicht mehr begegne.

Dr. Gran: Das ist ja wirklich ein herrliches Missverständnis. Hahaha.

Igerl: Jetzt fangen Sie auch noch zu lachen an. Und von wegen Missverständnis. Ich hör es noch ganz deutlich, wie ich bei meinem Selbstgespräch eindeutig gehört habe: „Alles bestens. Alles in Ordnung." Und da ist es losgegangenen, dass ich eine Sauwut auf mich selber bekommen habe. „Du Rindviech", habe ich zu mir gesagt, „wie kannst du mir nur einen solchen blöden Rat geben". Ich kann Ihnen sagen, dass es dann zu einem Wortwechsel gekommen ist, der wo fast unter die Gürtellinie gegangen ist. Und seit der Zeit bin ich auf mich selber geladen. Sogar mit der Frau Schwankl, der Raschkathl aus dem Erdgeschoss, mit der ich früher immer gestritten habe, kann ich mich inzwischen besser unterhalten wie mit mir selber.

Dr. Gran: Na sowas!

Igerl: Und jetzt hab ich auch noch in der Zeitung gelesen, dass es einen neue wissenschaftliche Untersuchung gibt, wie gesundheitsschädlich permanenter Streit ist, vor allem bei Leuten mit so einem hohem Blutdruck wie bei mir.

Können Sie verstehen, dass ich mir da echt Sorgen um mich mache. Herr Doktor? Jedes mal wenn ich mich im Spiegel beim Rasieren anschau, überkommts mich. Weil mir dann einfällt, wie das früher war. Ein Herz und eine Seele war ich mit mir selber. Kein böses Wort hab ich mir gegeben. Und das Schlimme ist, dass keiner von uns nachgibt. Jeder will immer wieder das letzte Wort haben. Wissens, Herr Doktor, wenn, wie ich gelesen habe, Streit das Leben verkürzt, dann ist das bei mir ja dramatisch.

Dr. Gran: Wieso?

Igerl: Ganz einfach, weil, indem dass ich mit mir selber im Streit bin, das doppelt so viel Streit bedeutet, als wenn ich, sagen wir einmal, bloß einen Streit mit der Frau Schwankl hätt. Verstehn's mich?

Dr. Gran: Das scheint mir aber wirklich ein ernstes Problem zu sein.

Igerl: Sag ich Ihnen doch.

Dr. Gran: Haben Sie's schon einmal mit Versöhnung versucht, indem Sie sich zu einem oder auch zwei Gläschen Wein zusammengesetzt haben und einfach versucht haben, nett miteinander zu plaudern?

Igerl: Sie werden lachen, schon ein paar Mal hab ich's probiert. Aber jedes mal, wenn ich mir wieder näher gekommen bin, ist dieser blöde Rat mit der Biene Maja wieder ins Gespräch gekommen. Und schon war wieder der Teufel los.

Dr. Gran: Biene Maja? Moment ich hab da plötzlich ein Idee. Tiefenpsychologisch betrachtet bräuchten Sie dringen so etwas wie ein Dèjá-vu-Erlebnis.

Igerl: Ein was?

Dr. Gran:	Ein Dèjá-vu. Sie müssten sozusagen diesen Tiefpunkt Ihrer Beziehung zu sich selber noch einmal erleben. Aber dieses Mal positiver.
Igerl:	Das versteh ich jetzt nicht ganz.
Dr. Gran:	Sie müssen erleben, dass Sie sich als Biene Maja nicht blamieren, sondern Freude bereiten.
Igerl:	Freude bereiten? Ich als Biene Maja?
Dr. Gran:	Ja genauso. Dann kommen sie mit sich wieder ins Reine. Sagen Sie, haben Sie das Biene Maja Kostüm noch?
Igerl:	Ja schon. Ich tu mir immer so schwer, etwas wegzuwerfen.
Dr. Gran:	Prima.
Igerl:	Warum prima?
Dr. Gran:	Ich bin doch der 2. Vorstand vom Fußballverein, des FC Moorenweis. Und am Sonntag hab ma ein ganz wichtiges Spiel.
Igerl:	Ja und?
Dr. Gran:	Der FC Moorenweis hat immer ein Maskottchen hinterm Tor stehen gehabt, einen Ziegenbock. Und der ist vor kurzem an Altersschwäche gestorben.
Igerl:	Mei des tut mir ja leid, aber was hat des mit mir zu tun?
Dr. Gran:	Ich könnt mir sehr gut vorstellen, dass Sie unser neues Maskottchen werden könnten, als Biene Maja. (Es erklingt das Lied der Biene Maja)

Igerl und die Turmschreiber

Wieder einmal fand die traditionelle Adventfeier des Kleingartenvereins Flora im Volkarteck statt, in der seit Jahr und Tag der Haus- und Hofdichter Alfons Igerl seine Gedichte vorlas. Er schloss seine Lesung, die wie immer von seinem Spezl, dem Pfanzelt Maxe, mehr schlecht als recht mit der Zither begleitet wurde, mit dem Gedicht:

> *Vergeblich habt ihr angeklopft*
> *damals vor vielen Jahren.*
> *Bösartig war das Herz verstopft.*
> *Das musstet ihr erfahren.*
> *Oh hättet ihr nur aufgemacht,*
> *ihr rauen Herbergsleute,*
> *man rühmet euch seit jener Nacht*
> *für diese Tat bis heute.*

Wie jedes Jahr dankten die Anwesenden dem Dichter und dem musikalischen Begleiter mit freundlichem Applaus. Dann ergriff der Vorstand der Flora das Mikrofon und lobte, dass der Adventhoagascht mit dem Alfons und dem Maxe einer der Höhepunkte des Vereinsjahres sei und man die feste Hoffnung habe, dass den Alfons auch fernerhin die Muse küssen werde, damit, worauf sich alle jetzt schon freuten, es wieder so einen gemütvollen Abend gebe. Dann winkte er wie jedes Jahr seiner Stellvertreterin, der Frau Musgureit, zu, die aus einer Tasche für den Maxe eine Flasche Plavac herausholte und auch heuer wieder sagte: „Is aus meiner Heimat, eigens mitgebracht, gut für Musikemachen." Dem Alfons übergab sie dann traditionellerweise eine Flasche Pelinkovac mit der Bemerkung: „Auch aus meiner Heimat. Gut in allen Lebenslagen und vor allem Verdauung bei fetten Schweinsbraten. Ha ha." Der Alfons hatte inzwischen schon elf Flaschen davon im Keller, weil er bei solchen Anlässen immer noch mehr dem selbstgebrannten Obstler, den ihm sein Cousin, der Dengler Egon, immer aus der Wildschönau mitbrachte, vertraute. Als der Alfons sich gerade anschickte, seine Manuskripte in die eigens dafür gedachte Ledermappe einzupacken, kam eine sehr freundlich aussehende Dame auf ihn zu: „Grüß Gott, Herr Igerl, ich hab sie heute zum ersten Mal gehört, weil mein Baserl, die Manzenrieder Lilo, die bei euch zweite Kassiererin ist, mich mitgenommen hat. Ihr Vortrag hat mir sehr gut gefallen. Wissen S', ich versteh ein bisserl was von solchen Lesungen. Ich bin nämlich Vorsitzende der „Freunde der Turmschreiber". Übrigens Schönberger ist mein Name." Als dann der Alfons noch bei einem Glas Punsch und den Platzerln, die die Witwe Sprinzig immer eigens für den Abend buk, bei seinen Spezln saß, kam die Frau Schönberger nochmals auf den Alfons zu: „Entschuldigung, Herr Igerl, mir ist da gerade eine Idee gekommen", meinte sie. „Die Turmschreiber haben am nächsten Samstag ihre traditionelle Adventlesung in der ‚Burg'. Heute habe ich zu meinem Entsetzen erfahren, dass uns dieses Jahr Herbert Schneider ausfällt, weil er sich seinen Fuß gebrochen hat. Und der war doch der letzte, der die alte Tradition einer gehaltvollen Adventlesung noch aufrechterhalten hat. Eigentlich gibt's für den unvergleichlichen Herbert ja überhaupt keinen Ersatz, aber was ich gerade von Ihnen gehört habe, ist wirklich gut. Sagen Sie, hätten Sie am Samstag Zeit einzuspringen?" Igerl war wie vom Blitz getroffen. Er hatte die alte Literaturgruppe seit Jahr und Tag bewundert und war natürlich immer wieder Gast, wenn es noch Karten für die Lesungen in der „Kleinen Komödie" unter der Leitung des einmaligen Kurt Wilhelm gab. In der letzten Zeit, seit sich dieser zurückgezogen hatte, war es freilich merkwürdig still um die Turmschreiber geworden.

„Ich bei den Turmschreibern lesen?", fragte der Alfons erstaunt. „Ich bin aber gar kein Turmschreiber nicht." „Das macht nichts aus", beruhigte ihn die Frau Schönberger. „Erstens weiß in der letzten Zeit sowieso keiner mehr ganz genau, wer da dazugehört. Da hat sich nämlich jetzt sehr viel verändert. Und zweitens kann ich ja als Vorsitzende mit dem Präsidium reden, wenn ich noch in den nächsten Tagen eine Audienz bekomme." „Präsidium? Audienz?", fragte Igerl erstaunt. „Ja, ja", klärte ihn Frau Schönberger auf, „seit der Kurt Wilhelm weg ist, herrschen bei den Turmschreibern andere Sitten. Das Präsidium verlangt Respekt und Disziplin. Da geht's nicht mehr so locker zu wie früher." „Und wer hat dieses Präsidium gewählt?", wollte Igerl wissen. „Das sind drei Männer. Die haben sich ganz einfach aus einer gewissen Verantwortung, wie sie behaupten, zusammengesetzt und sich selber gewählt. Ohne Gegenstimme, wie sie betonen." „Also so eine Art Triumvirat?", erinnerte sich Igerl an seinen Geschichtsunterricht bei seinem Lehrer Bayerle. „Der Caesar, der Pompeius und der Dings, der … Jetzt fällt mir der dritte nicht mehr ein … Aber das waren ja richtige Diktatoren." „Ja, ja", lachte die Frau Schönberger, „da sollten Sie erst einmal unser Präsidium sehen. Aber bei einem so klaren Wahlergebnis hat man natürlich schon eine gewisse Machtposition. Trotzdem, ich probier's, wenn Sie mir zusagen täten."

Was Igerl nicht für möglich gehalten hätte, die Frau Schönberger rief ihn tatsächlich tags darauf an und bat ihn, am Samstag um 19 Uhr in die „Burg" zu kommen, wo die Veranstaltung stattfand. „Suchens Ihnen halt Ihre besten Sachen raus! Das Präsidium hat zwar zunächst nicht so recht gezogen, aber dann hat es schließlich doch zugestimmt und Ihnen eine Sprechzeit von fünf Minuten zugebilligt, damit die Leute sehen, dass man unter der neuen Führung weltoffen ist, haben sie gesagt. Lesens aber auf alle Fälle das letzte Gedicht von den Herbergsleuten vor", fügte sie noch dazu.

So erschien Alfons Igerl am Samstag mit seiner Mappe überpünktlich in der „Burg", eine Art Zelt am Oberwiesenfeld. Er wurde von der Frau Schönberger sehr freundlich begrüßt. „Das Präsidium ist noch nicht da. Ich glaube, die haben wieder eine wichtige Sitzung wegen einem Rauswurf von jemand, der den Herren den gebührenden Respekt versagte." Dann machte sie Igerl mit den Örtlichkeiten vertraut. In dem Saal standen mehrere Stühle und Tische, auf denen Igerl kleine Kürbisse bemerkte. „Die sind noch von der letzten Halloween-Lesung übrig", klärte ihn die Frau Schönburger auf. Auf der kleinen Bühne stand ebenfalls ein Stuhl und ein Tisch, auf dem eine merkwürdige Figur stand, die Igerl wie eine Art Mischung aus Nikolaus und Buddha vorkam. Als 20 Minuten vor Beginn das Mitglied des Präsidiums, Herr A. B. Schreiber, würdig den Saal betrat, stellte Frau Schönberger den Alfons vor. „Das ist Herr Igerl, Herr Präsident, wissens der, der wo für den Herrn Schneider einspringt." Der musterte den Alfons lange von oben bis unten und meinte dann: „Aha, so, so, hm, hm, naja. Fünf Minuten im zweiten Teil, Herr Ingerl." „Igerl, Alfons Igerl", verbesserte ihn dieser. „Ah so, mhm, äh, also, äh, fünf Minuten, zweiter Teil … äh, hm." Pünktlich um 19 Uhr begann die Veranstaltung. Igerl hatte einen Platz neben der Frau Schönberger und stellte erstaunt fest, dass der Saal nur halb voll war. Wenn er da an die Abende in der „Kleinen Komödie" dachte! Weigert betrat die Bühne und begrüßte: „Liebe Freunde der Turmschreiber, gewiss ist es Euch nicht entgangen, dass seit einiger Zeit unter dem neuen Präsidium ein neuer Geist weht. Wir haben uns auf einstimmigen Präsidiumsbeschluss hin entschlossen, uns aus der früheren Provinzialität herauszubegeben und weltoffener zu werden. Dies beweist beispielsweise der erste Künstler des heutigen Abends, unser Turmschreiber, äh, äh, hm … Dimitri Molescu, der sich, wie sie gleich erfahren werden, intensiv mit den Bräuchen der Buschmänner befasst hat. Als besondere Überraschung wird er sich, äh, hm, mit einer original, äh, hm, Quuwumuktu-Trommel begleiten.

Molescu las im Wechsel zunächst auf Quuwumuktisch, dann in deutscher Übersetzung vor und schlug zwischendrin auf seiner Trommel. Es handelte sich um einen Brauch, der interessanterweise von dem Quuwumuktu-Stamm genau am 24. Dezember begangen wird. Die Quuwumuktus versuchen in einem großen Event, wie man heute sagen würde, den Gott Quuwum für das nächste Jahr gnädig zu stimmen. Zu diesem Zweck opfern sie ihm regelmäßig am Quuwum-Tag in einem großen Gefäß alle während des ganzen Jahres abgeschnittenen Fingernägel aller Stammesmitglieder. Diese werden mit Harz aus dem Buwumtum-Baum versehen und dann angezündet. Darauf setzen sie sich aus den Zweigen dieses Baumes geflochtene Kränze auf und verfallen offensichtlich unter dem narkotisierenden Rauch der Opfergaben in einen ekstatischen Tanz. Molescu begann wieder auf der Trommel zu schlagen, stand dann auf und drehte sich ein paar Mal im Kreise. Dann stellte er die These auf, dass zwischen den Buwumtum-Zweigen und unserem Adventskranz eine interessante Verbindung zu herrschen scheine. „Möglicherweise gehe sogar Advent und Weihnachten auf den Quuwumuktischen Brauch zurück", meinte er geheimnisvoll. „So, und nun erleben Sie eine Welturaufführung, die die neue Weltaufgeschlossenheit der Turmschreiber dokumentiert. Ich singe Ihnen mit eigener Trommelbegleitung das Lied „Advent, Advent, ein Lichtlein brennt" auf Quuwumuktisch vor." Was er dann auch tat. Als nächstes kündigte der Präsident dann die jüngste Turmschreiberin, eine gewisse Kimberly Schulze-Hühnermund, die aus ihrem Buch „Kritische Frauen in Bayern" vorlas, an. Besondere Aufmerksamkeit widmetet sie der Biografie der Großmagd Walburga Zeiserl, die die Wortführerin im Aufstand der Heiglfinger gegen die Besteuerung der Brezen gewesen war. Sie schloss mit der Feststellung, dass es ihr gelungen sei, ein literarisches Schmankerl, von dieser verfasst, im schon verschollen geglaubten Nachlass entdeckt zu haben. Dieses wolle sie nun, weil es auch so gut zum Motto des heutigen Turmschreiberabends passe, vortragen.

Mein Eiszapfen
Zieht ein der raue Wintersmann,
dann seh' ich ihn gelassen an.
Wenn andre Leute ihn auch scheuen,

für mich ist er ein Grund zum Freuen.
Denn jedes Jahr hält diese Zeit
ein Wiedersehn für mich bereit.
Beim ersten Frost geh ich hinaus
und sehe nach dem alten Haus.
„Ist", frag ich, hab ich es entdeckt,
„noch seine Dachrinne defekt?"
Tatsächlich find auch dieses Jahr
ich ihn, wo er im letzten war.
Da oben an der Rinne Loch,
oh welche Freude, hängt er doch.
Ich glaub, ihr wisst schon, wer gemeint.
Der Eiszapf ists, mein Winterfreund.
Begrüße ich ihn ganz verzückt:
„Willkommen, Hugo, hier im Land."
Ja, Hugo hab ich ihn genannt.
Ich seh an seinem Leib, dem spitzen,
wie mir fast scheint, ein Leuchten blitzen,
als hätt' auch er erinnert sich
erneut in diesem Jahr an mich.
Oft, wenn's im Winter fest gefriert,
mein Weg zu meinem Freund mich führt.
Dann plaudere ich nur so zum Spaß
mit ihm halt über irgendetwas.
Und er hört mir in aller Ruh
wie keiner ganz geduldig zu.
Oft denk ich mir, an irgendwas
erinnert, was ich wohl vergaß,
mich seine Form, das lange Ding.
Geht doch der Winter mal dahin,
begrüßen andere voller Wonne
die erste warme Frühlingssonne.
Mir aber wird ums Herz jetzt weh,
weil ich den Hugo schmelzen seh.
Doch dieses Jahr, bevor's so weit,
bevor es taut zur Frühlingszeit,
bring ich den Hugo heim zum Dank
und rette ihn im Tiefkühlschrank.

„Vom jüngsten zu unserem ältesten noch aktiven Turmschreibermitglied",
kündigte A. B. Schreiber den nächsten Leser an, „als eine Art Urgestein, der,
bzw. das uns immer wieder mit neuen Ideen überrascht, Franz-Xaver Zweig-
le." Dieser las, wie seit Jahrzehnten eine Geschichte vor, wie der kleine Maxl
den Onkel Fritz als Nikolaus entlarvte, weil er ihn an seinen Schuhen erkannt
hatte. „Und weil ich weiß, dass es euer aller Wunsch ist, werde ich mit der
Geschichte vom Kater Murr schließen. Dieser war laut Gedicht allen Gefah-
ren entflohen, bis er dann aber um ein Haar als falscher Hase in der Bratröh-
re gelandet wäre. Zweigl schloss mit der Moral von der Geschichte:

> Ja, ja, es Leutl, hörts guat zua,
> bei uns gibt's falsche Katzn gnua.
> Hüats euch davor, sonst landts, ich schwöre,
> ihr aa am End mal in der Röhre.

„Auf gut Bayerisch geht's weiter", kündigte nun das Präsidiumsmitglied A.
B. Schreiber die letzte Leserin vor der Pause an, die dichtende Garderoben-
frau Enzi Mauerer. Diese führte die Zuhörer quer durch ihr bayerisches
Heimgarterl und schloss dem Adventsmotto, wie sie sagte, gerecht, mit dem
folgenden Gedicht ab:

> Mei Garterl is, ihr liabn Leut,
> mei größter Stolz, mei höchste Freud.
> Obs warm, obs kalt is oder schwül,
> mei Garterl bietet mir Asyl.
> Mittn im Garten is a Bergerl,
> und auf dem Bergerl steht a Zwergerl.
> I hab vor langer Zeit es kauft
> und auf den Namen Kurti tauft.
> Im Frühjahr, Winter, Tag und Nacht
> gibt Kurti auf mein Garterl acht.
> Im Liegstui fühl i mi als Kini
> und sonn mi manchmal im Bikini.
> Und wachsam schaut der kloane Kurt,
> dass neamand mi dann so derlurt.
> Doch manchmal schaut der freche Tropf
> mal her und kriagt an rotn Kopf.
> Doch i wink freundlich zu eahm hin,

aa wenn i sonst recht gschamig bin.
Schneibts dann im Winter auf sei Mützerl,
entsteht darauf a weißes Spitzerl.
Geht's dann auf Heiligabend zua,
lasst der Gedanke mia koa Ruah,
dass' eahm, den armen Teufel, friert.
I denk an d'Herbergssuach geniert
und stell ihn in den warmen Raum
grad unter meinen Weihnachtsbaum.
I prost eahm zua mitm warmen Punsch
und dann erfüll i seinen Wunsch,
und lies dem kloana liabn Wichterl
a wengerl vor aus meine Gschichterl.

„Diese", so schloss die Dichterin, „können Sie unter dem Titel ‚Meine Verserl san wia Bleamerl' jetzt gleich in der Pause mit meinem Autogramm erwerben."

A. B. Schreiber kündigte die Pause an und wies darauf hin, dass das Turmschreiber-Jahrbuch draußen zu haben sei. Die darin vertretenen Autoren hätten auch in diesem Jahr auf ihr Honorar zugunsten der Verwaltungskosten für das Präsidium großzügig verzichtet.

Nach der Pause trat das Präsidiumsmitglied wieder nach vorne und meinte: „So, und nun darf ich ohne falsche Bescheidenheit den Höhepunkt der diesjährigen Turmschreiber-Adventlesung ankündigen: Mich selber. Heuer ist es mir besonders schwer gefallen, die richtige Auswahl für meine Lesung zu treffen, da ich in diesem Jahr wieder einige Bücher veröffentlicht habe, u. a.:

- „Der Humor in tiefenpsychologischer Sicht anhand von Siegfried Freud und Viktor Frankl"
- „Van Gogh und sein Verhältnis zu Musik"
- „Immanuel Kant auf Bayrisch"
- „Wie könnte es weitergehen? Mein Rat für Beethovens Unvollendete"
- „Mein afghanisches Kochbuch"
- „Der Wolpertinger lebt, 25. Folge"
- „Die neuesten Witze aus Tumpuktu"
- „Wie lerne ich Singuaheli?"
- „Die Blechtrommel auf Bayrisch"

- „Die Jenseitsvorstellungen der Apachen"
- „Mit Reinhold Messner auf der Suche nach Yeti"
- „Brehms Tierleben auf Bayrisch"
- „Das würde ich anders machen. Eine Auseinandersetzung mit den Enzykliken Papst Benedikts XVI."
- „Grenzen der Genforschung angesichts der Chaostheorie"
- „Die deftigsten Witze aus dem Dachauer Hinterland"
- „Ich bin Karl Valentin"
- „Ich habe die Weltformel entdeckt"
- „Es geht schon wieder aufwärts. Der Tag nach dem Weltuntergang"
- „Mi leckst. Oder: Goetz von Berlichingen auf Bayrisch"

Ich habe mich aber nun entschlossen", fügte A. B. Schreiber an, heute mein wissenschaftliches Wirken auf die Seite zu legen und werde Ihnen lieber etwas aus meinem Buch ‚Amtsgericht auf Bayrisch' vorlesen." Igerl kam die Geschichte zwar bekannt vor, und er glaubte, sie schon von Georg Lohmeier gehört zu haben. Aber vielleicht täuschte es sich auch. Sein Gedächtnis war wohl nicht mehr das beste. Dann trug A. B. Schreiber das Gedicht „I bin a alter Volkartstraßler" vor, das Igerl sehr an den „Tulbechstraßler" von Herbert Schneider erinnerte. Es folgten ein paar lustige Episoden aus seinem Buch „E-Mails aus einer japanischen Vergangenheit". Nein, sowas. Igerl hatte doch fast dasselbe bei seinem Lieblingsautor, dem großartigen Herbert Rosendorfer in den „Briefen aus der chinesischen Vergangenheit" gelesen. „Ich bring, glaub ich, alles durcheinander", überlegte Igerl. Vielleicht sollte er öfter zum Schutzpatron für die Vergesslichen beten, den heiligen Dings, na wie hieß er denn gleich?

A. B. Schreibers Stimme wurde nun feierlich. „Und nun wird's weihnachtlich:

> So staad is' im Wald,
> alle Wegerl san kalt,
> verweht und verschneit.
> 's kimmt de heilige Zeit."

„Also, des is doch jetzt mehr oder weniger von Ludwig Thoma", flüsterte er fragend der Frau Schönberger zu. „Aus der ‚Heiligen Nacht'." „Pst", mahnte ihn diese, „des dürfen S' nicht laut sagen. Der A. B. Schreiber behauptet nämlich steif und fest, dass es umgekehrt wäre, und der Thoma von ihm abgeschrieben hätte.

„Ich komme, äh, hm, hm, nun zum Ende." kündigte A. B. Schreiber an. „Ich will meine Lesung heiter weihnachtlich ausklingen lassen." Und dann trug er einen gereimten Witz vor, den Igerl nicht unbedingt als sehr geschmackvoll empfand:

A Bsoffner kimmt in d'Mettn nei
und schaut in aller Ruah
dem Pfarrer, der as Rauchfass schwenkt,
erstaunt a Zeitlang zua.

Am Ende geht er hi zu eahm,
sagt: „Fräulein, Kompliment.
Sie tragn a wunderschönes Gwand,
doch eahna Tascherl brennt."

So, und jetzt habe ich die große erfreuliche Pflicht und Aufgabe, Ihnen einen ganz besonderen nächsten Autoren anzukündigen. Es handelt sich um den gerade neu aufgenommenen Turmschreiber Arnold C. Zeitler. Er ist einer der hoffnungsvollsten deutschen Junglyriker und wurde gerade mit dem „Brigitte Lehner Preis" für die Aufrechterhaltung der Drößlinger Mundart sowie dem „Husumer Hering" für seine feuchte Aussprache ausgezeichnet." Ein blondgelockter, athletisch gebauter Jüngling, der Igerl an den jungen Siegfried bzw. dessen österreichischen Nachfahren Hansi Hinterseer erinnerte, kam nach vorne und begann mit hoher singender Stimme aus seinem neuesten Opus „Ois fahrt schwarz" vorzulesen:

Kuckucksei
Kuckuck, Kuckuck
Schluck, Schluck
Schluckspecht
Bezecht
Ruckzuck, ruckzuck
Umzug
erfrecht zu Specht.
Toller Hecht

Wackelkontakt
Tom Tom Tom
atom atom atom
anatom, kondom
anton-beton
Tomate
Tom-Ade

Umwelt
Auf gelben verseuchten Weiden
Kuhgeläut
degenerierte genierte Gene
Kälber mit Ziegenbärten
mäh, mäh.
Dreiäugige Wildschützinnen
jagen auf Astralleibern
· mühselige Gemsen
mit Katzenaugen
miau, miau.

Und noch ein Umweltgedicht:
nahe Bohrinsel
paart schwuler Moby Dick
sich mit weißem Hai
und gebiert Ölsardinen
für Aldi

Nun wird's winterlich auf bayrisch:
aufekraxelt
gwachselt
verwachselt
abekraxelt
gschnackslt.

Inzwischen hatte sich der Saal merklich geleert. Zeitler reagierte etwas unwirsch und beschuldigte die Dissertanten lyrischer Ignoranz, indem er ihnen nachrief, sie wollten lediglich an alten Zöpfln festhalten. „Ich sage euch:

Mir graust.
Zeigt Goethe die Faust
und schillernden Hölderlingen
den Goetz von Berlichingen.

Aber ihr, die ihr weiter lauscht, sollt noch belohnt werden mit einem erst gestern entstandenen Gedicht, das dem Abendmotto voll gerecht wird:

Lasst Frieden nicht den Engeln gwängeln,
und nicht im falschen Gängen drängeln,
macht selber euch zu Friedensengeln."

Igerl schaute auf das Abfolgeprogramm, das ihm die Frau Schönberger gegeben hatte. Ui, jetzt wäre er dran. Aber der Saal hatte sich nach der Zeitler-
Darbietung bis auf die Frau Schönberger, das Präsidialmitglied und einen
Herrn im Trachtenanzug geleert. Verunsichert schaute er auf Frau Schönberger: „Soll ich jetzt überhaupt noch lesen?" Die blickte etwas betreten auf
die leeren Plätze und meinte dann: „Ja mei, Herr Igerl, jetzt, wo's schon da
san. Duat ma leid. Aber machens es halt kurz. I hätt bloß de große Bitte, dass'
nochmals des letzte Gedicht von Eahnara Lesung vortragen, des mit der Herbergssuche, gell."

Das Präsidiumsmitglied trat etwas indigniert nach vorne und nuschelte: „Als
letzter Gast eingesprungen, äh, hm, hm, Herr, äh, Ingerl." Und zu Igerl ge-
wandt: „Bitte reduzieren Sie Ihr Programm. Nur das Nötigste, zwei Minuten
reichen, Herr, äh, hm …" Igerl kramte in seiner Tasche und las dann etwas
unschlüssig vor:

Oh hättet ihr nur aufgemacht,
ihr rauen Herbergsleute,
man rühmet euch seit jener Nacht
für diese Tat bis heute.

Der Herr im Trachtenanzug klatschte begeistert. „Fantastisch", rief er. „Ihr
Gedicht hat mich zutiefst berührt. Toller Gedanke, was wohl passiert wäre,
wenn die Herbergsleute doch aufgemacht hätten. Hätte vielleicht enorme
geschichtliche Wirkung gehabt. Interessanter Gedanke, wirklich nachden-
kenswert. Hätten Sie etwas dagegen, wenn ich Ihr großartiges Gedicht in

der Weihnachtsausgabe des „Neuhauser Boten" veröffentliche? Biermann ist mein Name. Wissen Sie, ich bin der neue Manager der Turmschreiber und Mitherausgeber der Zeitung." Natürlich hatte Igerl nichts dagegen, und nachdem er vom Präsidiumsmitglied mit einem „hm, hm, so, so, Herr, äh, Engerl" verabschiedet worden war und dieser ihm als Gage noch großzügig ein Buch mit dem Titel „Mei bayrisches Klo-Verserl-Buch" überreicht hatte, machte er sich auf den Heimweg.

Zwei Tage danach bekam er einen ausführlichen Brief, in dem Biermann bedauerte, dass er das Gedicht von Igerl nun doch nicht mehr in der Weihnachtsausgabe des „Neuhauser Boten" untergebracht habe. Er habe es aber behalten und meinte, dass die Gedanken so großartig wären, dass man sie zu einer größeren Erzählung ausarbeiten solle. Diese würde er gerne im „Karwendel Kalender", dessen neuer Mitherausgeber er sei, unterbringen. Besonders gut fände er, wenn es Igerl gelänge, noch einen gewissen Bezug zu unserer Zeit zu finden. Igerl fühlte sich natürlich geehrt und machte sich spontan an die ungewohnte Arbeit als Prosaist. Er schaffte es aber tatsächlich, eine rührende Geschichte über Asylbewerber unserer Tage zu schreiben, und schickte stolz das Ergebnis an Biermann.

Dieses Mal dauerte die Rückantwort etwas länger. Dafür bekam er einen begeisterten Brief, in dem Biermann geradezu empathisch die Erzählkunst Igerls rühmte. Er müsse ihm zwar mitteilen, dass es mit dem „Karwendel-Kalender" nichts geworden sei, weil der an den „Flensburger Wattenwanderer-Verlag" verkauft worden und er als Mitherausgeber ausgeschieden sei, dafür habe er aber jetzt den Posten des stellvertretenden Intendanten der „Engelpoldinger Heimatbühne" übernommen. Er wolle Ingerl dringend ersuchen, diese herrliche Geschichte in ein Lustspiel umzuschreiben, das er dann auf alle Fälle auf die Bühne bringen werde.

Igerl machte sich erneut an die Arbeit. Er setzte sich mit seinem Freund, dem Wolfgang Weber, zusammen, der früher das Raritätentheater geleitet hatte und ihm nun bei der Dialogisierung half. Nach einem halben Jahr konnte er voller Stolz seine bayerische Komödie an Biermann schicken, in der es um den Besitzer des Hotels „Der Schwan", Korbinian Dürnberger, ging. Dieser verweigerte Kaiser Franz Josef und seiner frischangetrauten Sissy, die sich inkognito auf der Hochzeitsreise befanden, die Aufnahme, weil er sie für „Dahergelaufene" hielt. Das Kaiserpaar mietete sich daraufhin in dem kleinen Gasthof „Zur Seerose" ein, das der junge Florian Silbernagel als völlig heruntergekommene Bude geerbt und nun mit Hilfe seiner alten Mutter liebevoll hergerichtet hatte. Florian war im übrigen in die fesche Marie, die Tochter von Dürnberger, verliebt, hatte aber als armer Teufel keine Chance bei den reichen Bonzen. Durch den Besuch des Kaiserpaares wurde nun die „Seerose" plötzlich berühmt und bald dem „Schwan" ebenbürtig. Als Dürnberger die Erfolge Florians sah, gab er nach und gab ihm seine Tochter zur Frau.

Die Antwort, die Igerl nach einem Vierteljahr von Biermann bekam, übertraf an Lobsprüchen alles Bisherige. Er hätte das Stück spontan aufgeführt, seinen Posten in Engelpolding aber aufgegeben, da er inzwischen Teilhaber der neugegründeten Filmgesellschaft „Global World" sei, die mit Hollywood eng zusammenarbeitete. Daher hätte er einen Riesenauftrag an Land gezogen und solle nun einen großen Science-Fiction-Film drehen. Und nun fände er, dass es für den Stoff keinen besseren als Igerls Theaterstück gäbe. Es wäre für ihn sicher eine dankbare Aufgabe, daraus ein Drehbuch zu schreiben. Igerl war überwältigt. Mit einer gewissen nun schon erworbenen Routine schrieb er ein Drehbuch, in dem es darum ging, dass ausgerechnet zur Adventszeit ein Ufo bei uns landen wollte. Der intrigante Chefcommander der terrestrischen Abwehrflotte, Herodes Dürnberger – Igerl hatte den Namen von seinem Stück übernommen – erteilte dem Flugobjekt, obwohl es in friedlicher Absicht unterwegs war, keine Landeerlaubnis. So wurde ein gigantischer Krieg der Sterne entfacht, der mit dem Untergang der Erde endete. Lediglich Florian und Marie, die früher einen notgelandeten Exterrestrischen aufgenommen und gesundgepflegt hatten, wurden gerettet und verließen in einem Ufo die untergehende Erde.

Rechtzeitig in der dritten Adventswoche erhielt Igerl einen Brief. Dieses Mal aber nicht von Biermann, sondern zu seiner Überraschung von A. C. Zeitler. Er hätte von dem früheren Manager der Turmschreiber, der in die Politik gegangen sei und für den Bundestag kandidierte, mit dessen besten Empfehlungen ein Filmdrehbuch erhalten. Es habe ihm sehr gut gefallen, aber er habe natürlich keinerlei Möglichkeit, es zu verfilmen. So sei er auf die Idee gekommen, den Grundgedanken des Drehbuchs ein wenig zu straffen und neu zu formulieren. Das Ergebnis würde er gerne im Turmschreiber-Jahrbuch, dessen Herausgeber er gerade geworden sei, abdrucken, sofern Igerl nichts dagegen habe. Was blieb dem Alfons wohl anderes übrig, dem zuzustimmen. So bekam er Anfang des nächsten Jahres ein kostenloses Exemplar des neuen

Kalenders zugeschickt. Er blätterte darin herum und entdeckte unter der Überschrift „Herbergssuche" folgendes Gedicht:

Herbergen, entbergen,
Klopftaube Heroden
sondern Hoffnungsbäume aus,
bis Staub in schwarzen Löchern
vergurgelt.
Nichtende Leere
beim letzten Retour-Knall
mit Laola
kündigen den Frühling an.

Darunter stand als Verfasser A. C. Zeitler und in Klammern „nach einer Idee von Alfons Igerl".

P.S. Wie man hört, soll Igerl in diesem Jahr den Poetentaler der Turmschreiber erhalten.

Die Baugenehmigung

1. Herr: Sie, entschuldigen S', was machen Sie denn da?

2. Herr: Wieso? Des is doch mein Grundstück. Da kann ich tun und lassen, was ich will.

1. Herr: Des meinen aber aa bloß Sie. Da könnt ja jeder kommen und, was weiß ich, in seinem Garten eine Pyramide oder den Turm von Babel baun.

2. Herr: Erstens bau ich keine Pyramide, weil ich gar nicht genug große Steine hab. Wie stellens Ihnen des denn vor, dass ich allein einen solch einen hohen Turm bauen könnte? Schauns Ihnen doch die Leiter an, die wo ich da hab. Und zweitens sehns doch, dass ich was mit Holz mach. Ich zimmere was. Langt des jetzt?

1. Herr: Nein, keineswegs. Auch ein solcher Holzbau ist meldepflichtig.

2. Herr: Wieso meldepflichtig?

1. Herr: Weil eine jede dauerhafte Veränderung in der Landschaft einer Genehmigung bedarf.

2. Herr: Bei mir handelt es sich nicht um eine dauerhafte Veränderung der Landschaft. Des was ich da bau, ist sozusagen mobil.

1. Herr: Mobil? Ist es ein Möbelstück?

2. Herr: Na, mobil, des heißt beweglich.

1. Herr: Des is ja noch schlimmer, wenn Sie da was bauen, des wo sogar noch Ihr Grundstück verlässt, wenn ich Sie recht versteh.

2. Herr:	Ja, wenns so weit ist, schon.
1. Herr:	Was heißt das, „wenns soweit ist …"?
2. Herr:	Ja, falls ma's halt brauchn, als Notunterkunft sozusagen.
1. Herr:	Notunterkunft? Jetzt sagns bloß noch, dass Sie das, was Sie da baun, auch noch bewohnen wollen?
2. Herr:	Nur vorübergehend. Na, na, mir waar's schön gnug. De ganze Familie und de Viecherl auf so engem Raum … Des halt ma lediglich a paar Tag aus.
1. Herr:	Also da bleibt mir ja die Spucke weg. Sie bauen was für Ihre Familie und noch dazu für Ihre Tierhaltung. Wie kommen Sie denn auf die Idee, dass das so einfach geht?
2. Herr:	Mei, i hab da so an Tipp kriagt von höchster Instanz.
1. Herr:	Höchste Instanz? Und da hat man Ihnen nicht gesagt, dass Sie den normalen Amtsweg einhalten müssen?
2. Herr:	Amtsweg? Was ist denn das?
1. Herr:	Jetzt passens gut auf. Bevor Sie jetzt noch ein Brett ans andere nageln, beauftragen Sie als erstes einen Architekten, dass er Ihnen einen Bauplan macht. Wenns a Glück und des Geld haben, dann habns an fertigen Plan in 14 Tag.
2. Herr:	14 Tag? Ui, des wird knapp.
1. Herr:	Ja meinen Sie, dass es damit getan ist? Der Plan muss zuerst einmal genehmigt werden. Da müssens zur Baubehörde damit. Vorausgesetzt, dass er ohne Änderung durchgeht, dauert des mindestens 2 Monat.
2. Herr:	Oh mei, oh mei.

1. Herr:	Ja, und des is natürlich erst der Anfang.
2. Herr:	Der Anfang von was?
1. Herr:	Von dera Genehmigung. Sie haben doch da was von Tieren gesagt. Waren Sie mit denen schon im Veterinäramt?
2. Herr:	Veterinäramt?
1. Herr:	Ja, glauben Sie denn, dass die Tiere nicht geimpft werden müssen? Haben Sie schon einmal was von Seuchenschutz gehört? Wie viele Tiere sind es denn?
2. Herr:	Ja, schon ein ganzer Haufen. Und von jeder Sorte zwei. Zwengs der Fortpflanzung sozusagen.
1. Herr:	Fortpflanzung? Haben Sie überhaupt einen Zuchtgenehmigungsausweis?
2. Herr:	Einen was? Muss man des auch beantragen?
1. Herr:	Selbstverständlich. Sie, des konn sich ganz schön hinziehen. Impfen und Zuchtberechtigungsnachweis. Des erfordert einen ganz schönen Aufwand.
2. Herr:	Ja, um Gotteswillen. Des dauert ja ewig.
1. Herr:	Ganz so lang aa net. Aber doch schon eine ganze Weile, wenn man bedenkt, dass Sie auch noch einen Entsorgungsplan vorlegen müssen, der wo natürlich auch genehmigt werden muss.
2. Herr:	Entsorgungsplan?
1. Herr:	Ja, sagn Sie einmal, wie haben Sie sich denn des vorgestellt? Haben Sie schon einmal was von Abwasserbeseitigung gehört? Wie wollens denn mit dem Dings, dem Odel und dem Mist umgehen? Da werdns ganz schöne

Auflagen vom Umweltamt bekommen, des kann ich ihnen jetzt schon sagn.

2. Herr: Oh Gott, oh Gott. Des hat er mir alles net gesagt, wiara mir den Auftrag gegeben hat.

1. Herr: Des muss ja ein ganz schöner Laie gewesen sei, ohne Blick für jede Realität. Schauns her, ich geb Ihnen einmal ein paar Papyrus-Formulare. Da könnens schön langsam zum Ausfüllen anfangen.

2. Herr: Schön langsam. Sie san gut. Schauens doch hin, es fangt ja schon zum Tröpfeln an. Und da hintn kommts ganz schwarz daher. Des schaut ja richtig aus wie eine Sintflut. Mit Ihre Formulare konn i mir ja höchstens a Papierschifferl baun.

1. Herr: Gemächlich, gemächlich. Alles mit der Ruhe. Wie ist denn übrigens Ihr Name?

2. Herr: NOAH.

Epilog: Und die Moral von der Geschicht:
Wie gut, dass seinerzeit es nicht
noch einen langen Amtsweg gab.
Die Post ging damals direkt ab.
Vom höchsten Berge Sinai.
Sonst waar ma nämlich scho lang hi.
Die Sintflut ist zwar längst verrauscht,
doch haben wir sie eingetauscht
gegn die Papierflut, die hohe.
Und da hilft keine Arche Noah …

Mei Hut, der hat 3 Löcher …

Ansager: Ich freue mich, dass ich Ihnen, verehrte Hörerinnen und Hörer, heute etwas Besonderes anbieten kann. In der Sendung „Kultur, Kultur, Kultur" spricht der bekannte Literaturwissenschaftler und Philosoph Carlo Sölch, den meisten unter Ihnen bekannt als „der Rufer vom Berg" über das Thema: Das Lied „Mei Hut, der hat 3 Löcher" als Beispiel für eine neue astrophysikalische Hermeneutik. Ich übergebe das Wort an Carlo Sölch.

Carlo Sölch: Verehrte Hörerinnen und Hörer! Das Lied „Mei Hut, der hat 3 Löcher" ist für meine Begriffe eines der existentiellsten Aussagen in gereimter und noch dazu musikalischer Form der Gegenwart (auch unter Karneval in „Venedig" bekannt). Ich darf Ihnen, sollte Ihnen der Text nicht mehr ganz präsent sein, das Lied vorsingen:

> „Mei Hut, der hat 3 Löcher.
> 3 Löcher hat mei Hut.
> Und hätt er nicht 3 Löcher,
> dann wär er nicht mein Hut."

Gehen wir systematisch vor: Im Mittelpunkt des Liedes steht zweifelsohne eine Kopfbedeckung. Das wird deutlich dadurch, dass sie in den paar Zeilen mehrmals, genauer gesagt, dreimal auftaucht: „Mei Hut, der hat …, 3 Löcher hat mei Hut, … sonst wär er nicht mein Hut. Betont wird aber in gleicher Weise das besitzanzeigende Wort „mein", das bekundet, dass es sich nicht um einen Hut schlechthin, sondern eben um diesen, meinen Hut handelt. Nebenbei bemerkt, ist die 3-fach-Wiederholung etwas Typisches, ja fast Mystisches, eine Art Formel, die uns sowohl in den Märchen, aber auch in der Religion immer wieder begegnet. Kramen Sie einmal in Ihrem Märchenschatz und Sie werden feststellen, wie oft die Zahl 3 hier eine Rolle spielt: Die 3 Brüder, Schwestern z.B. in „Tischlein deck dich", „Aschenbrödel" usw. In den Geschichten wird das Aufsagen einer Formel in der Regel auch dreimal verlangt, bevor es zu einer Er-Lösung kommt. Denken Sie aber auch an die Zahl 3 in der indischen und christlichen Religion. So kommt es wohl nicht von ungefähr, dass dieser, eben mein Hut sich nicht durch ein Loch oder gar 10 Löcher auszeichnet, sondern durch diese heilige Zahl 3, die ihm seine Unverwechselbarkeit gibt.

Und jetzt kommt das eigentlich Seltsame. Warum sind es denn ausgerechnet Löcher, bzw. das Loch, das die Spezifität, die Individualität eben dieses Hutes ausmachen? Man hätte doch, wie das ja in anderen, eben nicht so tiefschürfenden Liedern der Fall ist, diesen, meinen Hut nicht durch ein mehr oder weniger Nichts, eben das Loch beschreiben können, sondern durch die Farbe, also: „Ich hab a greans Hüaterl auf" und jetzt kommt es: „Mit am schönen Federl drauf". Hier wird also Farbe und Schmuck zum Kennzeichen des Gegenstandes, sprich Hut. Der Texter unseres Liedes lässt uns vollkommen im Unklaren, welche Farbe dieser Hut hat oder ob er einen Schmuck, wie beispielsweise eine Feder oder gar einen Gamsbart, hat. Darauf kommt es dem Texter also überhaupt nicht an. Er weist uns vielmehr auf eine der größten Merkwürdigkeiten des Seins, das Loch, die Verkörperung des Nichts hin. Das Loch ist gerade in den letzten Jahren durch die Erkenntnisse der Astrophysik, insbesondere von Stephen Hawking in Form des rätselhaften Schwarzen Loches in ein besonderes Interesse gerückt. So sehr uns aber ein Loch oder die Löcher bekannt sind, so schwer ist es, sie genau beschreiben zu können, da sie ja eigentlich aus dem besagten Nichts bestehen. Das Nichts ist sozusagen die Substanz jeden Loches. Seit eh und je stellt sich den Menschen nun aber die Frage, ob das Nichts überhaupt „ist". Eigentlich müsste es ja im Sinne seiner „Nihilität" eher „nichten". Ist Nichts eigentlich wahrnehmbar? Doch wohl nur, weil es einen Rand hat.

Der Rand, als eine Erscheinungsweise des Seins, denn ein Rand besteht ja aus etwas Sicht- und Feststellbarem, ist also mehr oder weniger der Lebensraum des Nichts. In unserem Falle liefert in dem Lied „Mei Hut, der hat 3 Löcher" der Hut diesen 3 Löchern sozusagen eine Art Biotop für ihre jeweilige Existenz, gleich, um was es sich bei dem Hutmaterial handelt. Das Material des Randes ist also für das Loch von keinerlei Bedeutung. Das Lied „Mei Hut, der hat 3 Löcher" lässt uns also mehr oder weniger ganz und gar im Unklaren, ob es sich um einen Filz- oder Strohhut handelt. Die geradezu revolutionäre Aussage dieses Liedes besteht aber darin, dass, lediglich mit der Zahl 3 genauer gekennzeichnet, ein Hut durch so etwas Unbestimmtes wie diese drei Löcher als unverwechselbar und unaustauschbar, als etwas ganz Besonderes und Einmaliges oder zumindest als Rarität definiert wird.

Metaphysische Fragen drängen sich auf: Wie steht es mit der philosophischen Urfrage des Menschen, die vor allem Leibniz und Heidegger stellen: Warum ist eigentlich etwas und nicht vielmehr nichts? Vor allem aber stellt sich die Frage: Wie kann aus dem Nichts etwas entstehen? Gibt es so etwas wie eine „creatio ex nihilo"? Vielleicht kommen wir mit unserem Lied der Frage etwas näher, wie aus Nichts etwas entstanden ist, denn es liegt wohl auf der Hand, dass der Hut vor den drei Löchern dagewesen sein muss, die dann irgendwie, möglicherweise durch Verschleiß oder gar mutwillige Beschädigung entstanden sind, vielleicht sogar zunächst nicht zur Freude des Besitzers, der allerdings sie, diese sog. „Absentia" sozusagen als einen wesentlichen Bestandteil dieses, eben seines Hutes deklariert. Denn es wird ja nicht der Rand aus dem wie auch immer beschaffenen Materials besungen, sondern diese Löcher. Natürlich ist zu bedenken, dass der „Hutmacher" das sog. Kopf-Loch zunächst einmal als mehr oder wenig rund zu Umrahmendes vor Augen hat und nicht, da es in der Regel keine viereckigen oder dreieckigen Köpfe gibt, von einer eckigen Umrahmung ausgeht. Der Hut ist oft nicht in erster Linie als Schmuck, sondern als Schutz gegen Kälte, aber auch übermäßige Sonneneinstrahlung gedacht, was auch in dem Ausdruck „gut behütet" offenbar wird. Man kann also davon ausgehen, dass bei unserem Hute von vornherein nicht diese 3 Löcher eingeplant waren. Diese haben sich wie auch immer im Lauf der Zeit wohl zufällig ergeben, es sei denn der Hutbesitzer hat sie bewusst, um diesen Hut als den unverwechselbar seinen zu kennzeichnen und ihn vor versehentlichem Tausch oder gar Diebstahl zu schützen, selber evtl. mit Hilfe einer Schere herausgeschnitten. Das halte ich aber eher für unwahrscheinlich und tendiere mehr auf die besagte Zufallsvariante hin.

Ein kühner Gedanke sei erlaubt: Auf der Ebene des Seins herrscht mehr Planmäßigkeit und Gesetzmäßigkeit als wie auf der des Nichts vor. Ein Hut als Werk wird gemacht, geformt, gestaltet, ein Loch entsteht (es tut sich auf ohne eine bestimmte formende gestaltende Idealvorstellung). Mit anderen Worten, weder Feder noch Gamsbart wachsen zufällig aus dem Nichts an den Hut.

Natürlich ist dem Zufall irgendwie Tür und Tor geöffnet. Es ist also keineswegs zwingend, dass besagter Hut eben 1, 2, 3 oder gar noch mehr Löcher aufweist. So wäre durchaus denkbar, dass jemand, der einen Hut mit, sagen wir einmal 4 Löchern besitzt, diesen auf Grund derselben ebenfalls als etwas im wahrsten Sinne des Wortes Eigentümliches betrachtet und zu einem Hut mit einem oder besagten 3 Löchern keine oder wenig so emotionale Bindung, wie sich sogar in einem Lied niederschlägt, aufbringt. Apropos Emotionalität: Es könnte sogar sein, dass psychologisch betrachtet, eine gewisse Mitleidhaltung mit diesem, seinem, wie auch immer ramponierten Hut im Spiel ist. Möglicherweise könnte sich der Besitzer jederzeit einen ungelöcherten neuen Hut leisten oder auf einem der zahlreichen Flohmärkten erstehen. Es ist aber denkbar, dass der neue Hut eben gewisse Abweichungen von den vertrauten Huterlebnissen aufweist, und der Besitzer, so merkwürdig es klingen mag, in nostalgischer Anwandlung mit den so liebgewonnenen 3 Löchern diesem wiederum solche verleiht. In dem Fall entstünden dieselben aber jetzt nicht durch Zufall, sondern durch einen wie auch immer motivierten Eingriff des Besitzers.

Noch eine ganz wichtige Feststellung nochmals im Hinblick auf den Begriff Loch: Bei mehreren Löchern ist man auf das Sein ihrer Ränder angewiesen. Es kann nur Löcher geben, wenn dazwischen seiende Ränder sind.

Es gibt keine Möglichkeit für Löcher, wären diese nicht geradezu seinsmäßig eingegrenzt. Löcher sind also im Hinblick auf ihre Feststellbarkeit auf Begrenzung angewiesen. Das gilt in gewisser Weise auch für das Sein, das sich ja im jeweils Seienden offenbart. Heidegger nennt diesen Unterschied vom Sein und Seienden übrigens die „ontologische Differenz". Gibt es eine solche Differenz nun aber auch im Nichts? Kann man davon sprechen, dass besagte Löcher etwas Verschiedenseiendes sein können? Wohl kaum, wenn wir uns wieder darauf besinnen, dass dem Nichts ja keinerlei Ontisches zukommt, es sei denn durch den immer wieder zitierten Rand bzw. eben durch die Gesamtheit oder soll ich' besser sagen, „lädierte" Gesamtheit des Hutes.

Nun taucht aber noch eine ganz besondere, ich möchte sogar sagen „Hut-spezifische" Komponente, was heißt Komponente, substantielle Eigenheit dazu auf. Ist ein Hut selber nicht nur Hut, weil er einen – nach dem Träger, der Trägerin entsprechenden Raum für den Kopf, den er ja bedecken soll, freigibt? Der Hut ist eigentlich nur Hut auf Grund dieses Frei-Raumes. Was aber ist ein solcher Freiraum im letzten anders als – Sie haben es erraten – Loch? Stellen Sie sich einen Hut vor, der ohne dieses, nennen wir es einmal Kopfloch wäre, dann wäre er eben kein Hut, sondern ein, sagen wir einmal Filz- oder Strohklumpen, der als Kopfbedeckung absolut ungeeignet wäre, wobei natürlich – gestatten Sie mir das kleine Späßchen, über das Sie gerne lachen dürfen – Strohklumpen im Kopfe manches Zeitgenossen durchaus vorkommen können. Nun aber wieder zu dem Sachverhalt zukommenden metaphysischen Ernst:

In dem Lied: „Mei Hut, der hat 3 Löcher", in dem natürlich die den Hut begründende, (oder soll ich besser sagen, mitbegründende) Tatsache des von uns so benannten Kopfloches nicht angesprochen bzw. angesungen wird, taucht also ein umrandetes Loch als der Hut auf, der, wie ausführlich an früherer Stelle dargestellt, seine besondere Eigenart den 3, wie auch immer zustande gekommenen Löchern verdankt. In dem Lied „Mei Hut, der hat 3 Löcher" wird nun aber offengelassen, ob zum Zeitpunkt des Absingens das Kopf-Loch möglicherweise gar nicht vorhanden ist, weil es ja von dem Hutbesitzer ausgefüllt ist und damit also zur Zeit gar kein reales Loch, sondern allenfalls ein virtuelles darstellt. Möglicherweise besingt der Sänger aber auch seinen gerade nicht auf dem Kopf befindlichen Hut, den er evtl. an einem Haken aufgehängt hat. Ich denke da an das Lied „Es hängt ein Pferdehalfter an der Wand", in dem der Pferdehalfter ja auch ohne das dazugehörige bzw. in diesem traurigen Lied bereits verstorbenen Pferd, eine gewisse Eigenständigkeit hat.

Kommen wir schließlich auf unsere vorhin gestellten Fragen zum Verhältnis vom Sein und Nichts zurück. Können wir uns die Schöpfung bildlich so vorstellen, dass ein „Schöpfer", ein „Demiurg", wie das die Griechen nannten, um das Nichts die Umrandung des Seins gelegt hat? Können wir sagen, dass in unserem Fall der Hutmacher (=Demiurg) nichts anderes tut, als ein mehr oder größeres Nichts, bzw. Loch mit Filz, Stroh usw. zu umgeben?

Wohl kaum. Das Entscheidende ist doch zunächst einmal ein Plan, in diesem Fall die Absicht des Hutmachers, einen, für wen auch immer, bestimmten Hut zu machen, bzw. zu formen. Es wäre absurd, anzunehmen, ein Hut entstünde einfach daraus, dass man ein Loch ohne ein nur annähernd geplantes Vorgehen einfach mit der Substanz Filz oder Stroh umgibt. Damit ist wieder eine Parallele zur Schöpfung sichtbar: Kann man sich allen Ernstes vorstellen, dass sich Sein ohne jeden Plan, jede Idee um das Nichts gelegt hat und dann ein geformtes Seiendes wie unsere Weit entstanden sein kann? Der „Hutmacher" ist von der Idee getragen, eine Kopfbedeckung herstellen zu wollen. Das bedeutet aber, dass wenn wir das Nichts als den „Ur-Grund" angeben, wir demselben ein Höchstmaß an Potentionalität, ja vielleicht sogar Genialität zusprechen.

Ich komme langsam zu Ende und hoffe, dass Sie gemerkt haben, dass das Lied „Mei Hut, der hat 3 Löcher" als ein Bindeglied zwischen Philosophie und moderner Astrophysik anzusehen ist, also mehr oder weniger ein Wiederaufleuchten der im altgriechischen Denken noch vorhandenen Einheit von Philosophie und Physik darstellt. Stephen Hawking, von dem schon eingangs die Rede war, einer der wohl bedeutensten Astrophysiker der Gegenwart, ist immer noch auf der Suche nach einer ganzheitlichen Weltformel, in der die vier großen Naturkräfte zusammengefasst werden können. Sollte das Lied vielleicht ein Fingerzeig sein, das wohl größte Rätsel zu lösen, warum etwas ist und nicht vielmehr nichts? In dem Lied findet sowohl das Sein in Form des seienden Hutes als auch die Existenz der Löcher, die das Nichtsein verkörpern, eine Einheit. Das Lied stellt also geradezu die Verkörperung der von Nikolaus Cusanus so bezeichneten „coincidentia oppositoruom" dar. So wäre nicht uninteressant zu forschen, wieweit diesem großen Gelehrten dieses Lied schon bekannt war, das ihn zu dieser genialen

Feststellung veranlasst haben könnte. Ich bedanke mich für Ihre Aufmerksamkeit.

Absage: Verehrte Hörerinnen und Hörer, Sie hörten einen philosophisch-naturwissenschaftlichen Versuch von Prof. Carlo Sölch zu dem Lied „Mei Hut, der hat 3 Löcher". In unserer nächsten Kultursendung „Kultur, Kultur, Kultur" versucht derselbe Autor eine Interpretation des Lieds „Es geht ein Bi-Ba-Butzemann in unserem Kreis herum".

Die Begegnung

Herr: Ja grüß Ihnen Gott. Das ist ja schön, dass wir uns heute schon wieder sehen. Gell, das war nett das letzte Mal. Also noch einen schönen Abend.

Herr Magerl: Ja, Grüß Gott. Herr, äh, Herr (murmelt etwas Unverständliches). Ja sowas, so ein Zufall, gell. Ich wünsch Ihnen auch einen schönen Abend. Vielleicht bis später, gell.
(zu seiner Frau): Hast du den Herrn kennt?

Frau Magerl: Der wo grad mit dir gredt hat? Na, eigentlich net. Woher kennt der di denn?

Herr Magerl: Des is' ja. Mia fallt um vui Geld net ei, wo wir uns schon begegnet sein könnten. Wo warn mia denn in der letztn Zeit überall?

Frau Magerl: In der letztn Zeit? Mei da war net vui los. Des is heut nach langem 's erste Mal, dass i wieder unter d' Leut komm. Di bringt ma allerweil weniger vom Fernseher weg. Weilst du fast jeden Tag „Dahoam is dahoam" oschaugst.

Herr Magerl: So so. I? Und du vielleicht net? Bloß, dass du aa no de Lindenstraße oschaugst. Wer selbst im Glashaus sitzt, soll nicht mit Dings, mit Tomaten werfen.

Frau Magerl: „Mit Steinen werfen" meinst. Aber des bringt uns net weiter. Halt, vor am halben Jahr war ma bei der goldenen Hochzeit von de Schießls eigladn. Aber da warn alle Leut in Tracht, indem dass doch de Schießl Magda zweiter Kassier bei de Loisachtaler is. Und Tracht hat der Herr von vorhin ja koane oghabt. Oder?

Herr Magerl: Na, aber des sagt ja gar nix. Heut is er halt normal ozogn.

Frau Magerl:	Was hoaßt da normal? Des bedeutet ja, dass de Tracht bei uns unnormal waar. Bei uns kann man zu den feierlichsten Anlässen in am schönen Dirndl geh.
Herr Magerl:	Ja is scho recht. Also Dirndl hat der da jedenfalls aa koans oghabt. Des waar ma aufgfallen. Ha ha.
Frau Magerl:	Ja is scho recht, du Schmarrn-Beni, du. Wo war ma denn in der letzn Zeit no? Vielleicht in der Erdinger Therme vor oam Monat? Der oane da, wo in der Bio-Sauna nebn mir gsessn is, könnts gwesn sein.
Herr Magerl:	Ja da schau her. Wenn er a Tracht oghabt hätt, hast gsagt, hättstn net erkannt. Aber wennst du ihn dir nackert vorstellst, na fallt dir ei, dass er's doch sei kannt.
Frau Magerl:	So ein Schmarrn. Im übrigen hat er ja di griaßt, net mi.
Herr Magerl:	Was soll jetz des wieder hoaßn? Vielleicht, dass er sich mi, wiara griaßt hat, in der Sauna vorgestellt hat. Dann hat er mich grad vor seinem geistigen Auge ausgezogen? Des is ja unerhört. Muaß ma se denn heutzutage alles gfalln lassn? Wenn i 's nächste mal in d' Sauna geh, dann mach i s' wia de Amerikaner und ziag ma aa a Badehosn o. Na konn ma sowas wia heut, eine solcherne Bloßstellung, nimmer passieren.
Frau Magerl:	Des hilft dir rein gar nix.
Herr Magerl:	Wieso?
Frau Magerl:	Er kann dich ja heut nicht mehr als Nackerten erkannt haben, weil du ja heut was anhast. Oben von deinem Gesicht her hat er di kennt, indem er dich gegrüßt hat. Verstehst?
Herr Magerl:	Und di net?

Frau Magerl:	Sag i doch grad.
Herr Magerl:	Das lässt tief blicken. Weil er dann dein Gesicht nicht erkannt hat.
Frau Magerl:	Wieso?
Herr Magerl:	Dann hat er dir eben nicht ins Gesicht gschaut, sondern anderswohin. Ein solchernes Ferkel. Ein richtiger Spanner. Solcherne Leut müsstn eigentlich Saunaverbot kriagn. Am liabstn daad i den Typen ozoagn.
Frau Magerl:	Jetzt kenn di no wieder.
Herr Magerl:	Weils wahr is. Soll er sich doch a Heftl bei der Dings, der Beate Uhse bsorgn, der Lüstling der, aber nicht mit seinen Schweinigeleien auf die Pirsch gehen. No dazua bei dir.
Frau Magerl:	Was hoaßt jetzt des wieder: No dazua bei mir? Willst du damit sagn, dass ich mit dene Schlamperl von dene Heftl nicht mithaltn konn. Bei mir is im Gegensatz zu dene Weiber alles echt. Ich brauch kein Xylophon in meinem Busen.
Herr Magerl:	Silikon hoaßt des.
Frau Magerl:	Wo woaßt denn du des her?
Herr Magerl:	Des woaß ma halt. Des ghört zur Allgemeinbildung.
Frau Magerl:	Zur Allgemeinbildung. Dass i net lach. Seit ewiger Zeit hast mi nimmer ins Theater oder in eine Oper gführt. Und da magst du von Allgemeinbildung redn, bloß weilst du woaßt, was diese Weibsn für eahna Organvergrößerung verwendn.

Herr Magerl:	Oiwei no besser a Organvergrößerung wiara Organver-schiebung.
Frau Magerl:	Organverschiebung. Was is denn des?
Herr Magerl:	Des is des, was der Doktor 's letze Mal zum Schwankl Walter gsagt hat: „Wenn er so weitersauft, dann ist seine Leber im Arsch." Ha, ha, ha.
Frau Magerl:	Ja um Himmelswillen. Des is fei net so lustig. Was macht der Arme dann.
Herr Magerl:	Der Schwankl nimmt des net so tragisch. Er hat gsagt: „Dann sauf i auf der Milz weiter."
Frau Magerl:	Also des find i jetz echt net gspassig.
Herr Magerl:	Aber: soll i deine Affäre mit diesem Herrn da gspassig fin-den?
Frau Magerl:	Affäre? Welcherne Affäre?
Herr Magerl:	Frag net so dumm. Mit dem Tschamsterer, der wo di grad so ausgschamt ogmacht hat.
Frau Magerl:	Also jetzt glaub i, spinnst wirklich. Dir gib i glei an Tschamsterer. Übrigens, wer im Glashaus sitzt, soll an-deren keine Grube graben oder so ähnlich. Moanst i hab net bemerkt, dass du der neuen jungen Kellnerin im Vol-kartseck jetzt immer a vui größeres Trinkgeld gibst, als wia früher der Theres?

Der Herr von vorhin kommt wieder vorbei:

> „Entschuldigen Sie. Ich hab Sie vorher angesprochen. Aber ich glaube, ich hab Sie anscheinend verwechselt. Meine Brille war wohl noch etwas beschlagen. Also nichts für ungut."

Herr Magerl: Um Himmelswillen, da brauchen Sie sich doch nicht entschuldigen. Im Gegenteil, es ist immer wieder schön,
wenn man neue Begegnungen mit so freundlichen Menschen wie Ihnen hat.

Das Freude-Interview

Rundfunksprecher: Meine sehr verehrten Damen und Herren. In unserer Sendung „Probleme unserer Zeit" stellen wir Ihnen heute ein Interview vor, das unser Redaktionsmitglied Thorsten Hämisch mit dem Inhaber des Lehrstuhls für Statistische Sozialanalysenpsychiatrie an der Technischen Universität, Herrn Professor Dr. Ernst Rüdiger Grämlich-Miesmann, über das Thema „Lasst euch die Freude nicht austreiben" führt.

Hämisch: Herr Professor Grämlich-Miesmann, Sie vertreten in Ihrem Buch „Die hedonistische Defizienz in der Postmoderne" die These, dass eine gewisse Freudlosigkeit unserer Gesellschaft auf einen Mangel an Freude zurückzuführen ist.

Grämlich-Miesmann: Sehr richtig, statistische Untersuchungen, die ich von meinem Lehrstuhl aus habe durchführen lassen, haben den eindeutigen Beweis ergeben, dass in 68,27% aller Befragungen eine mangelnde Freude für Freudendefizite verantwortlich sind. Es wird Sie interessieren, dass diese Zahl bis auf 2,17% derjenigen gleicht, die mein amerikanischer Kollege Joy Eliott durchführte. Allerdings schon im Jahr 1991. Man kann aber trotzdem sagen, dass es sich hier offensichtlich um ein transkultur-soziologisches Problem handelt.

Hämisch: Sehr interessant.

Grämlich-Miesmann: Es wird Sie sicher noch mehr interessieren, dass wir festgestellt haben, dass sich am Tag der Befragung nur 1,23% aller Bundesbürger an eine Freude an diesem Tag erinnern konnten, wobei ich natürlich dazu sagen muss, dass die Befragung eine halbe Stunde vor der Unterhaltungssendung des Bayerischen Rundfunks „Gaudi-Max" durchgeführt wurde. Nur 4,71% hatten sich in der letzten Woche einmal gefreut, 8,84% im letzten Monat, 27,69% konnten sich an eine Freude im letzten Jahr erinnern und der Rest hatte sich, soweit er sich erinnern konnte, überhaupt nicht mehr gefreut.

Hämisch: Ach was, das ist ja betrüblich.

Grämlich-Miesmann: Das kann man wohl sagen, vor allem wenn wir einer Untersuchung meines Schweizer Kollegen Dominique Freudli glauben dürfen, dass die Absenz der Freude sich geradezu verheerend auf den Gesundheitszustand auswirken kann. Der besagte Kollege führt das rapide Ansteigen psychomotorischer Erkrankungen in den letzten Jahren auf diesen Freude-Verlust zurück. Er rechnet sogar, dass in den nächsten 10 Jahren der Prozentsatz noch mindestens um 11,27% ansteigen wird.

Hämisch: Das ist ja eine äußerst ernste Sache.

Grämlich-Miesmann: Ja ja, Seneca hat ja schon davon gesprochen, dass die Freude eine äußerst ernste Angelegenheit sei. Denken wir auch daran, was Jean Paul gesagt hat: Freude sind unsere Flügel, Schmerzen unsere Sporen.

Hämisch: Sehr geehrter Herr Professor, Sie wollen es sicher nicht bei den nackten statistischen Zahlen bewenden lassen, sondern haben wohl schon überlegt, welche Konsequenzen man aus diesen betrüblichen Erkenntnissen ziehen sollte.

Grämlich-Miesmann: Selbstverständlich. Man müsste zunächst einmal eine eigene Freudenforschung initiieren, das kostet natürlich Geld. Aber bedenken Sie, wie viel Moneten in die Forschung von unerfreulichen Angelegenheiten investiert werden. Ist es nicht betrüblich, dass bei uns immer nur Negatives groß herausgestellt wird. Wo bleibt das Positive, frage ich mich, wo bleibt das Positive? Freude ist bekanntlich gespürtes Leben, aber wo soll man Freude spüren können, wenn man nur immer das Unerfreuliche anspricht. Das ist ein Skandal, ich sage es nochmal, ein Skandal, ein ärgerlicher Skandal. Diese Leute denken nicht daran, dass man mit seinem Ärger nicht nur die Umgebung zerstört, sondern dass dasselbe auch das Gefäß zerfrisst, in dem man sich befindet. Wenn ich jeden Tag in der Früh beim Aufwachen daran denke, dass sich die Leute statt zu freuen lieber ärgern, bekomme ich schon einen Wutanfall, im Besonderen, wenn ich mir überlege, wie man diesem Skandal nach wie vor tatenlos gegenübersteht. Schauen Sie sich doch die Leute in den öffentlichen Verkehrsmitteln an, wie die schon dasitzen und dastehen, mit ihren herabhängenden Mundwinkeln. Kein erfreulicher Satz kommt ihnen über die Lippen. Dabei weiß doch Gott sei Dank jeder, dass die größte Kapitalreserve der Menschheit die Freude ist. Aber der Förderung dieser Ressourcen widmet man mit wenigen Ausnahmen, wie ich eine darstelle, keine Sekunde.

Hämisch: Freude steckt ja bekanntlich an, Herr Professor, würden Sie unseren Erziehern also raten, sich mehr um ihre Freude zu bemühen, um mit ihr ansteckend zu wirken?

Grämlich-Miesmann: Selbstverständlich, das wäre eine der wichtigsten Aufgaben in der modernen Erzieherausbildung. Aber schauen Sie sich einmal an, was da alles passiert. Auch da wird kein Gedankenbruchteil auf das Thema Freude verwendet. Man müsste in unserem Land mit einem eisernen Besen kehren, um diese Freudlosigkeiten zu beseitigen. Hätte ich etwas zu sagen, würde ich der obersten Gesundheitsbehörde raten, ein Gesetz zu erlassen, dass man mit Freude geradezu anstecken „muss" – gezwungenermaßen sozusagen. Freude muss eingetrichtert werden, gedrillt und getrimmt werden. Wir brauchen Leute, die Freude ausstrahlen, das kann man nur vor der Pike auf lernen. Was Freude betrifft, verstehe ich keinen Spaß.

Hämisch: Das würde ich meinem, sehr verehrte Hörerinnen und Hörer, war schon das Schlusswort.

Die Dichterlesung

Bühnenbild: Angedeutetes Lokal, ein Rednerpult, ein Tisch mit Stuhl und Pegasusfeder, angedeuteter Zuschauerraum. Ein „Dichter" sitzt vor einem umfangreichen Manuskript.

Rutzmoser: (vom Kulturverein) Meine sehr verehrten Damen und Herren! Ich darf Sie heute ganz herzlich zu einem einmaligen Ereignis begrüßen. Unserem Kulturverein ist es gelungen, für den heutigen Abend den berühmten Dichter Eduard von Waldhausen für einen Vortragsabend zu gewinnen.

Wir schätzen uns glücklich, dass wir an unserem verhältnismäßig kleinen Ort den vielfach ausgezeichneten Autor so berühmter Werke wie „Der Gilb", „Odem auf Tolgiz", „Das nackte Nashorn", „Der Sonnenmantel" und „Eulenlieder", bei uns begrüßen dürfen. Eine besonderer Ehre ist es mir, dass auch unser verehrter Landrat Ewald Kauderle, unser lieber erster Bürgermeister Emil Böck – Servus Emil –, der stellvertretende zweite Bürgermeister Karl Seiberl, die Abgeordneten Frau Wilhelma Zwack und Herr Fritz Pollinger, sowie unser Heimatpfleger Franz Otto Sobronek anwesend sind. Außerdem begrüße ich den Vorsitzenden des Fördervereins Kultur 2000, Herrn Ludger von Strachwitz, den Oberstudiendirektor des örtlichen Gymnasiums Holger Wilm, die Schulamtsdirektorin Frau Erna Peuscherl, den Rektor unserer Hauptschule, meinen alten Freund Heini Reicheneder, sowie seine Kollegin, die Rektorin der Grundschule Frau Elvira Pömmerl. Selbstverständlich möchte ich *last not least* die anwesenden Vertreter der Presse recht herzlich begrüßen. Ich sehe da unseren alten Freund Schorsch Kollmannsberger, den Lesern bekannt als Schoko, die stellvertretende Redakteurin des Westboten Heike Klewig, sowie unseren Elmar Schön alias Tobias Zenz, allbekannt durch seine herrlichen Glossen im „Alphorn". Gestatten Sie mir aber, dass ich ganz besonders herzlich den begrüße, dem wir diese Veranstaltung letztlich eigentlich verdanken, den Wirt dieses Saales. Unserem Hermann Glasl. Wäre er nicht gewesen, hätte die Veranstaltung nicht stattfinden können. Denn der Saal ist eigentlich seit Monaten vorbelegt für eine Preisverleihung des Bundes der Bayerischen Dackel-Züchter e.V. Nur durch die selbstlose Vermittlung vom Glasl Mendi, wenn ich so sagen darf, war es möglich, dass diese Lesung heute stattfinden kann, die Eröffnung der Dackel-Züchter-Vereinigung also um eine Stunde verschoben werden konnte. Ein herzliches „Vergelt's Gott" an diese Stelle, lieber Mandi, für deine kulturelle Aufgeschlossenheit unserem Dichter Eduard von Waldhausen gegenüber.

Applaus

Nun will ich aber dem Dichter nicht länger das Wort entziehen.

Der Dichter räuspert sich und will bereits anheben ...

Vorher bitte ich aber noch um einige Grußworte. Als erster spricht der Landrat Ewald Kanderle ein paar Worte: Darf ich bitten, Herr Landrat? Ich selber aber darf mich entschuldigen, da ausgerechnet heute im Nachbarort die Ausstellung unserer Sonntagsmaler eröffnet wird.

Ewald Kanderle: Sehr geehrter Herr Rutzmoser, dem wir als Vorsitzender des hiesigen Kulturvereins die Lesung verdanken, lieber Herr Bürgermeister, verehrte Festversammlung. Bitte liebe Anwesende seid mir nicht böse, wenn ich nicht alle Prominenz, die heute zur Lesung unseres geschätzten Dichters, des, ich möchte sagen, weltbekannten Poeten äh, äh, Eduard von Walters- äh – äh – Waltersbach (auf Zuruf) äh Waltershausen, nicht eigens begrüßen kann. Herr Rutzmoser hat ja freundlicherweise schon eine illustre Auswahl der Anwesenden begrüßt. Ich sage bewusst Auswahl, denn er konnte nicht alle erwähnen, die heute der Einladung unseres Dichterfürsten gefolgt sind. Lieber Herr Ruztmoser, sind Sie mir nicht böse, wenn ich noch einen der Gäste eigens begrüßen möchte, es ist unser Fremdenverkehrsvorsitzender Raimund Schäuble. Warum ich das tue? Raimund Schäuble hat es durch seine umsichtige Tätigkeit im letzten Jahr geschafft, die Bettenbelegungen in unserem Landkreis um 17,63 % zu steigern. Jawohl, ich nenne hier zu diesem historischen Zeitpunkt das erste Mal diese Zahl offiziell: 17,63 %. Dank Dir also, lieber Raimund, für diese denkwürdige Leistung. Meine sehr verehrten Damen und Herren, ich glaube, es ist hier der rechte Ort wenigstens ganz kurz einmal darzustellen, was unser Landkreis gerade in den letzten Jahren auf dem Sektor des Fremdenverkehrs alles getan hat: U.a. wurden drei Erholungszentren neu erschlossen, zwei Kurkliniken eröffnet, ebenfalls zwei Hallenschwimmbäder mit entsprechendem Beiwerk – Sauna, Solarien usw. – ihrer Bestimmung übergeben. Sieben, jawohl sieben Sportplätze für die ortsansässigen Vereine gebaut und so weiter und so fort. Dies alles ist nicht zuletzt auch dem vorbildlichen Einsatz unseres Bürgermeisters, allen voran dem hier anwesenden Emil Böck, sowie dem offenen Ohr, das wir bei unserem Abgeordneten Fritz Pollinger immer finden, zu verdanken. An dieser Stelle also ein ganz herzliches „Vergelt's Gott", liebe Freunde, für all das, was Ihr zum Wohl unseres Landkreises getan habt. Und darf ich um Verständnis bitten, dass ich der Lesung des hochgeschätzten Literaten Herrn äh, von Waldheimer, äh, Waldhausen, nicht mehr folgen kann. Ich muss zu einem anderen dringenden Termin, der Eröffnung der Landwirtschaftsausstellung im benachbarten Ziegelhofen. Ich wünsche Ihnen allen aber einen gehaltvollen Abend.

Beifall

Der Dichter blättert und versucht anzuheben …

Der erste Bürgermeister betritt das Podest.

Emil Böck: (dem Landrat nachrufend) Sehr geehrter Herr Landrat,
lieber Ewald. Gestatte mir, dass ich Dir noch ein herzliches Dankeschön für deine tiefgründigen Worte nachrufe und an die werte Festgemeinde ein kurzes Grußwort
entrichte. Es ist für mich ein bewegendes Erlebnis, bei
diesem kulturellen Höhepunkt etwas sagen zu dürfen.
Wenn der Herr Landrat gerade so beredt die örtliche Situation aufgezeigt hat, so ist es mir ein dringendes Bedürfnis, dem wenigstens noch einiges hinzuzufügen. Von
dem gerade angesprochenen Anteil an Neubettenbelegungen entfallen auf unseren Ort allein 31,18 %. 31,18 %!

Zwischenbeifall

Und das, verehrte Festversammlung, trotz der Unkenrufe
einiger Gemeindemitglieder durch deren kurzschlüssige
Politik die Entwicklung unseres Fremdenverkehrs immer
wieder in Frage gestellt wird. Auch hier mein Dank an
unseren Abgeordneten, meinen lieben Parteifreund Fritz
Pollinger, dass er auch im hohen Parlament die Belange
seiner engeren Heimat so nachdrücklich vertritt. Gestatten Sie mir an dieser Stelle noch einen Blick in die nächste Zukunft. Ich weiß, dass die Rezession auch an unserem Heimatort nicht spurlos vorbeigehen kann und wird.
Wir werden aber alles uns zur Verfügung stehende tun,
um in Liebe zu unserem Ort und im weiteren Sinn unserer bayerischen Wirtschaft Kultur und Brauchtum hochzuhalten. Aus diesem Grunde darf auch ich mich von Ihnen verabschieden, weil mich die Pflicht in Form der
Preisverteilung für die schönste Fassade unseres Ortes,
die just heute stattfindet, ruft. Dem Abend wünsche ich
noch einen angenehmen Verlauf.

Beifall

Der Dichter steht wieder auf und versucht anzuheben ...

Ans Podest tritt der 2. Bürgermeister Karl Seibel.

Karl Seibel: Verehrter Dichter, meine Damen und Herren: Gestatten Sie, dass ich wenigstens ganz kurz mich in die Schar der Festredner einreihe. Leider hat mein Vorredner, der erste Bürgermeister, aber auch sein Parteifreund Landrat Kauderle, etwas von dem eigentlichen Ereignis abgelenkt. Ich glaube, wir sind eigentlich zu einem anderen Anlass da, als dass wir uns irgendwelche Statistiken über Bettenbelegungen anhören. Noch dazu, wo mir diese Zahlen sehr vordergründig erscheinen. Sowohl Kauderle als auch Böck haben nämlich einiges wahrscheinlich bewusst verschwiegen. Die hohe Zahl der Bettenbelegung erklärt sich nicht zuletzt dadurch, dass der Hotelkonzern Pentalon jenen entsetzlichen Kasten an unseren Ortsrand gestellt hat, der unsere schöne Landschaft mehr als verschandelt. Viele der Mitbürger wissen, dass die ortsansässigen Gaststätten und Pensionen keineswegs eine Steigerung der Bettenbelegung aufzuweisen haben, im Gegenteil. Und auch mit dem Naherholungszentrum ist das so eine Sache. Wir alle wissen doch, wie viel kostbare Natur für eine möglicherweise sehr vordergründige Einrichtung weichen musste. Die sehr verehrte Abgeordnete Zwack und ich erheben immer wieder mahnend unsere Stimme gegen einen sehr fragwürdigen Fortschritt. Fragen wir uns doch, ob nicht durch die immer mehr reduzierte und teilweise auch verhunzte Landschaft unsere Heimat für Fremde noch einen so hohen Stellenwert für Erholung besitzt wie bisher. Ich glaube es nicht. Dazu gäbe es noch sehr viel zu sagen. Die Frau Abgeordnete und ich müssen aber leider eben zu einem Termin, dem Treffen der Kommission für Ökologische Ökonomie. Wenn ich mich nicht irre, hat gerade der Dichter von Waldhausen in seinem Werk immer wieder ein Lied auf die natürliche Umwelt gesungen, und ich möchte ihm daher auch nicht länger das Wort entziehen.

Der Dichter steht wieder auf.

Abgeordneter Pollinger betritt das Podest.

Pollinger: Hochverehrter Herr Poet lauratus, liebe Heimatgemein-
de. Eigentlich müsste ich längst beim Treffen des Gastro-
nomie-Verbandes sein, möchte aber noch kurz meinen
Unwillen darüber ausdrücken, dass der zweite Bürgermeister diese Dichterlesung für eine Art Wahltribunal be-
nutzt hat. Zu den Vorwürfen gäbe es viel zu sagen. Ich
frage aber nur, wenn schon von landschaftsverschan-
delnden Bauten die Rede ist, wer damals den Bau des
Mammut-Schutzzentrums vorangetrieben hat. Heute
noch ein Mahnmal einer verfehlten Bildungspolitik, die
uns Millionen und Abermillionen gekostet hat. Wer, so
frage ich, hat seinerzeit im bildungspolitischen Arbeits-
kreis lautstark für überregionale Schulzentren plädiert?
Doch wohl Wilhelmine Zwack, die sich seinerzeit nicht
modern genug geben konnte. Ich selber habe in meiner
Kindheit noch eine einklassige Landschule beim alten
Hauptlehrer Fischereder besucht. Und das, meine Damen
und Herren, war beileibe nicht die schlechteste Schule.
Alle sind wir etwas geworden und das ohne Mengenlehre
und Sexualerziehung. Wir haben in unserer Schulzeit
noch etwas gelernt. Lieder gesungen und Gedichte aus-
wendig gekonnt. Ich könnte Ihnen heute noch das Gedicht von Theodor Fontane von Herrn von Ribbeck auf
Ribbeck aufsagen.

Herr von Ribbeck auf Ribbeck im Havelland.
Ein Birnbaum in seinem Garten stand,
und kam die goldene Herbsteszeit
und die Birnen leuchteten weit und breit.
Da stopfte, wenn's Mittag vom Turme scholl,
der von Ribbeck sich beiden Taschen voll.
Und kam in Pantinen ein Junge daher,
so rief er: „Junge willst ne Beer?"

Und kam ein Mädel, so rief er: „Lütt Dirn,
kumm man röwer, ick hebb ne' Birn".

Na bitte, aber lassen wir das, oder lassen wir, besser gesagt, den berufenen Poeten zu Wort kommen. Ich wünsche dem Abend noch einen angenehmen Verlauf.

Der Dichter will anheben …

Da betritt der Oberstudiendirektor Holger Wilm das Podest:

Wilm: Hochverehrter Herr von Waldhausen, werte Anwesende.
Auch ich müsste längst bei einer Curriculum-Konferenz
des ISP in Dillingen sein, fühle mich aber durch die Worte
des Abgeordneten Pollinger geradezu herausgefordert.
Niemand will leugnen, dass in der Schulpolitik der ver-
gangenen Jahre Fehler begangen wurden. Wo aber bleibt
die rühmende Erwähnung unbestreitbarer pädagogi-
scher Fortschritte wie der der Kollegstufe, die gerade an
unserem Peter von Settele Gymnasium so erfreuliche Ergebnisse zeitigt. Es zeugt nun auch beileibe nicht für einen so hohen Bildungsstand des Herrn Abgeordneten,
dass er ausgerechnet Fontanes Birnengedicht zitiert, das
nicht im mindesten den Anforderungen eines gesell-
schaftskritischen Deutschunterrichts und in seiner nai-
ven Einfalt eher der Aufrechterhaltung systemimmanen-
ter Herrschaftsstrukturen denn einem linguistisch-kriti-
schen Literaturverständnis entspricht. Der Abgeordnete
hätte wohl eher mir den Defiziten im Grund- und Haupt-
schulbereich in unserem Lande ins Gericht gehen sollen.

Wütende Zwischenrufe von Schulamtsdirektorin, Rektor und Rektorin:
„Ja eahm schaugts o." usw. …

Jawohl, ich sage das vollbewusst und gleichzeitig pran-
gere ich auch an, dass bei uns der Heimatverein ein Viel-
faches an Mitteln bekommt, wie beispielsweise der vor-
bildlich arbeitende Verein Kultur 2000, dem mein Freund

Ludger von Strawitz in vorbildlicher Weise vorsitzt. Nun freilich nach dieser Blöße, die sich der Abgeordnete mit der Deklamation dieser Birnenstory gegeben hat, wundert mich über das kulturelle Defizit in unserem Landkreis rein gar nichts mehr. Um so erfreulicher ist, dass der auch von mir gerade ob seiner dystonalen Epigrammprosa so geschätzte Dichter Eduard von Waldhausen seinen Weg zu uns gefunden hat. Auch wenn ich aus obigem Grund nicht der Lesung beiwohnen kann, freue ich mich im Namen der restlichen Zuhörerschaft über diesen wertvollen Abend.

Dichter versucht anzuheben …

Heimatpfleger Franz Otto Sobronek stürmt aufs Podest.

Sobronek: Meine verehrten Festgäste, liebe Heimatfreunde. Nichts liegt mir ferner als irgendwelche Polemiken, Ihnen noch weiter das Wort des Dichters vorzuenthalten, obwohl mich die unhaltbaren Anschuldigungen des Herrn Wilm eigentlich dazu herausfordern.
Ich möchte diese Gelegenheit aber benutzen, Ihnen, sehr verehrter Herr von Waldhausen, zu demonstrieren, dass auch in unserem Ort die Dichtkunst blüht und darf allen Anwesenden als besondere Überraschung unsere ortsansässige Mundartdichterin Kreszenz Igerl kreszenzen – äh, kredenzen: Kim auffe, Kreszenz.

Kreszenz Igerl: *(kommt mit einem umfangreichen Manuskript und beginnt zu lesen):*
Mei Garterl
Wann i fruah beim Morgentau
auf mei winzigs Garterl schau
und i siehg wia alles blüaht
ziagt a Juchzer durch mei Gmüat.
Is mei Gartn net a Pracht,
dass oam 's Herz im Leib glei lacht:
de Tomatn und de Kohlrabi,

Petersilie und de Radi,
dazua Wirsching und Spinat
und Endiviensalat.
Hock i na da zwischndrin
kriagt mei Lebn an neuen Sinn.
In meim Garten im Bikini
fühl i mi als kloaner Kini.

Mei Vogerl
Fruahjahr oder Sommerzeit
oder Winter, wenn es schneit,
schau i zu meim Fenster naus,
sitzt a schwarze Amsel drauß,
schaugt mi o und macht pie pie
und i spann, sie wart auf mi.
Servus sag i, du kloans Luader,
kenn di scho, du mächst dei Fuader.
Und i streu ihr Körndl hi.
Wieder machts pie, pie, pie,
schaugt mi nomal ganz liab o
und dann fliagts ganz schnell davo.
Lustig wink i ihra zua,
weil i woaß morgn in da Fruah
konn i mi verlassn ja,
is mei Vogerl wieder da.

Mei Hoamatl
Wenn des morgens in der Fruah
i mei Heimatland dalur,
wenn i durch mei Fenster schau,
siehg den Himme weiß und blau,
kimmt ma scho – i sags grad raus –
a weißblauer Juchzer aus.

Der Wirt Glasl erscheint.

Herrmann Glasl: So Leut, duad ma leid, also, jetzt brauch ma aber unbedingt an Saal für de nächste Veranstaltung. Aber ein so

oft prämierter Dichter hat sicher a Verständnis für de Prämierung von unserm preisgekrönten Dackel, übrigens nix für unguat, Herr Dichter, fast ein Namenskollege, Waldi von Waldenstein. Wenns Eahna interessiert, Herr von Waldhausen, könnens gern no a bisserl dableiben. Eintritt brauchens selbstverständlich koan zahln. Für d'Kunst und für d'Künstler habn wir bei uns immer ein offenes Ohr, des haben S' sicher scho gspannt, gell?!

Familienverhältnis

Erna und Rudi, 2 Zimmer, Telefon.
Erna sitzt vor dem eingeschalteten Fernseher. Da läutet das Telefon.

Erna: Hallo, hier is de Erna.

Auf der anderen Leitung sieht man Rudi, der vor einem uneingeschalteten Fernseher sitzt.

Rudi: Servus Erna, da ist dei Bruader, der Rudi.

Erna: (immer mit Blick auf den Bildschirm, etwas gelangweilt) Ah der Rudi, was gibts?

Rudi: Du, i wollt dir bloß sagn, unser Tante Rosa, Du woaßt scho ...

Erna: (unterbricht) So, so ... Du, Rudi, wart amal, jetzt glaub i bringts 'n um.

Rudi: Um Gottswuin. Was is'n los, wer bringt wen um?

Erna: De Pam den Bobby. Ui ja um Himmelswuin. Woaßt, i siehg nämlich fern: Dallas.

Rudi: Dallas, ah geh, des interessiert mi net. Der Familientratsch.

Erna: Geh, Familientratsch. Des is doch interessant.

Rudi: Na, außerdem blick i da nia durch, wia wer mit wem verwandt is.

Erna: Geh, des is doch ganz einfach. Also de Miss Elly is de Mutter vom J.R. und am Bobby. Ihr Mann is scho lang gstorbn. Von dem is da Ray, der hat aber a andere Mutter ghabt, net de Miss Elly …

Rudi: So, so. Also, warum i oruaf, de Tante Rosa …

Erna: Des hat ihr gar net passt, der Sue Ellen, wias durch de Adoption von dem kloan Bubn Großmutter worn is, wo der Bobby und de Pam adoptiert ham.

Rudi: Du, wegn der Tante Rosa …

Erna: Und de Pam is ja de Tante von dem kloana John Ross.

Rudi: Wiast di Du bei denen eahnara Verwandtschaft aus-kennst.

Erna: Weils halt interessant is. Aber wenn ma da erst noch mehr in de Einzelheiten geht. De Luzy, des is de Enkelin von der Miss Elly, hat jetzt a neus Verhältnis, nachdem des mit dem Medizinstudenten danebn ganga is. Aber des is ja bei de Dallasleut halt so üblich.

Rudi: De Tante Rosa …

Erna: Des Höchste is ja, dass der J.R. se zuerst vo der Sue Ellen hat scheidn lassn und jetzt habn se se wieder verheirat. Aber, i glaub net, dass des lang guat geht …

Rudi: Also wia Du di bei dem komplizierten Verwandtschafts-verhältnis auskennst. Des waar ma scho z'blöd. Übrigens, de Tante Rosa …

Erna: De Pam und der Bobby san ja aa scho gschiedn. Aber der Bobby hat se schnell tröst mit der Jenna, mei de Pam is ja aa koa Kind von Traurigkeit. Aber dera ihr Freund, der Mark Jenings is ja gstorbn .

Rudi: Apropos gstorbn …

Erna: Und der Bobby is ogschossn worn … Hoffentlich stirbt er net.

Rudi: De Tante Rosa ist gstorbn.

Erna: Ah geh. De Tante Rosa? Mei, da erschrick i oiwei richtig, wenn i vom Sterbn was hör. Sag amal, wia san mir denn eigentlich mit der verwandt?

Rudi: Geh Erna, Du bist guat. Des is doch vom Papa de Schwester.

Erna: Dann is de Tante Rosa … Du des is ma z'kompliziert …

Rudi: Geh zua, des is doch ganz einfach. Pass auf, i erklär Dir's. Also, von unserm Papa … Du Erna, i ruaf in a dreiviertel Stund wieder o. Jetz geht nämlich Denver o.

Fernsehspiele

Personen: Herr Dirigl, Frau Zwick

Herr Dirigl: Hams de neue Untersuchung übers Fernsehn schon glesen, Frau Zwick? Da stehts: Im Durchschnitt sitzn bei uns d'Leut in der Woch 30 Stund vorm Fernseher. Was sagn's denn da?

Frau Zwick: In oaner Tour?

Herr Dirigl: Natürlich net. Verteilt über die Woch halt. Aber rechnens eahna amal aus, 30 geteilt durch 7!

Frau Zwick: Geht nicht.

Herr Dirigl: Natürlich geht des. Des san 4 Stund und Moment amal, zwoa Stund geteilt durch sieben. Des is ... Is ja so wurscht. Jedenfalls über 4 Stund am Tag. Is des net a Schand?

Frau Zwick: Wiaso a Schand? Des is doch koa Verbrechen, wenn ma gern fernsiehgt.

Herr Dirigl: Fau Zwick, merkan Sie des gar net, was des hoaßt. Über 4 Stund am Tag nix doa, als wia vor dem viereckerten Kastn z'hocka. Von sieben ab bis fast halbe zwölfe.

Frau Zwick: I geh scho oiwei früahr ins Bett.

Herr Dirigl: Sie san ja aa net direkt gmoant. Des is doch statistisch verstanden, so als Durchschnitt.

Frau Zwick: Ah so, i hab scho gmoant, i waar persönlich gmoant.

Herr Dirigl: Persönlich gmoant san alle Leut, de wo se vor lauter Hockerei selber überhaupt nimmer bewegn. De wo selber nimmer genga, wo aber dafür der Fernseher unentwegt geht. De san gmoant. Da fehlts halt grundsätzlich an der Aktivität und aktiv sei is bekanntlich alles, bloß net glotzen, glotzen und nomal glotzen. Da gibts aber seit a Zeit scho was ganz interessantes Neues. Des is was anders wia bloß des passive Konsumieren. Des san de neuen Fernsehspiele.

Frau Zwick: Da hab i aa scho davo ghört. Wia gengan denn die?

Herr Dirigl: Also, da spuin zwoa oder mehra gega anander. Fuaßball, Tennis, Hockey usw. Und da muaß ma ganz schö aufpassn, dass ma net verliert. Da kommts auf Konzentration o. Und rüahrn duad se aa was. A gsunder Wettkampf zwischen zwoa. Richtig gesellig is des, wenn ma gega sei Frau oder seine Kinder otretn konn. Sie, übrigens, die Kinder beherrschen des neue Zeugsl da ganz schnell perfekt. Da derfst di gegn deine Kinder oft ganz schee ostrenga. Aber wia gsagt, a solchene Anstrengung is as Beste für d'Gsundheit und spannend is außerdem. Aber des Alleranstrengendste is des, was jetz obietn.

Frau Zwick: Gibt's da no was Neuers?

Herr Dirigl: Natürlich, ma konn se so an Apparat zualegn, da wo ma gegn an Dings, an Computer spuit.

Frau Zwick: Ganz alloa. Na braucht ma ja gar koan mehr, außer sich selber.

Herr Dirigl: Ganz recht, Sie, des strengt o. Da kommens ins Schwitzen gega de Maschinen, wenn de richtig eigstellt san, de gebn se aa net de geringste Blöße. Richtig gschlaucht hat mi des letzte Match gegn de Computer. Da derfst aufpassn wia a Haftlmacher. Also i war a so gschlaucht von dem Kampf gega den Computer, dass i ganz erschöpft a halbe Stund drin glegn bin in meim Fernsehsessel.

Frau Zwick: Da deans ma fei direkt leid, Herr Dirigl.

Herr Dirigl: Ja no, jetzt hams no was ganz Neus erfunden. Des Spui werd auf vollautomatisch gschalt, und dann spuin de zwoa Computer gega anander. Fragns net, was se de für Kämpfe liefern. Und des Schönste is, i lehn mi schee faul zruck in meim Fernsehsessel und schaug dene zwoa gspinnerten Computer zua, wia se se alle zwoa ananander abwerkeln. Jedenfalls kaant i mi stundenlang amüsieren, wenn i bloß ganz ruhig bei solcherne Sacha dabei hock, ohne dass i was doa muaß.

Gedanken zur Zeit

Personen: Vater und Sohn

Vater: Du, Martin, ich hab da grad einen interessanten Bericht über de heutige Jugend in da Zeitung glesn. Es tät mi intressiern, was Du von dem hältst. Da steht drin, dass de Jugend, weil's immer lautere Musik hörn mit dene Walkmans, schlechter hörn.

Martin: Wie bitte?

Vater: (etwas lauter) I hab ghört, dass de Jugendlichen heutzutag schlechter hörn und se immer auf weniger konzentrieren können. Es heißt aa, dass de Konzentrationsfähigkeit nachlasst.

Martin: Kannst Du die Frage nochmals wiederholen, Papa? Ich habe gerade nicht aufgepasst.

Vater: Dann pass jetzt wenigstens amal auf. Da steht nämlich: „Die Jugendlichen haben immer weniger Zeit."

Martin: So ein Unsinn. Aber was soll denn die Fragerei. Ich habe es eilig.

Vater: Jetzt wartst a bissl. Mi intressiert einfach, ob des von euch Jugendlichen wirklich aa stimmt. Da steht nämlich no drin, dass de Jugendlichen von heut immer weniger lesn täten. Da schau her, lies selber!

Martin: Papa, gerade habe ich Dir gesagt, dass es mir pressiert. Außerdem weißt Du ganz genau, dass mir die Zeit zu schade ist, um zu lesen. Es gibt Wichtigeres zu tun.

Vater: Was pressiert's denn gar aa so? Was sagst Du dazu, dass da Medienkonsum von Jugendlichen immer mehra steigt

	und dass unsere Jugendlichen bis zu vier Stundn täglich fernsehn?
Martin:	Papa! Ich habe eben gesagt, dass ich es eilig habe. In ein paar Minuten ist eine Übertragung und die möchte ich nicht versäumen.
Vater:	Mein Gott, hast as Du wichtig! I denk, Ihr habts heut Euer Fußballtraining? Apropos Fußballtraining. Da steht im Bericht, dass de Jugendlichen heutzutag immer weniger Sport machen, weil's einfach bloß vorm Fernseher hockn und se beriesln lassn. Was isn des für a Übertragung?
Martin:	Was wird das schon sein? Ein Fußballspiel.
Vater:	Und da steht aa no, dass de Jugendlichen immer größere Kontaktschwierigkeiten habn und sich schwertun „ozbandln". Sie brauchan heutzutag – steht im Bericht – scho eigene Partnersendungen im Fernsehen. Was duast übrigens nach da Fußballübertragung? Gehst zum tanzn?
Martin:	Ach wo, Papa. Später läuft doch „Herzblatt".
Vater:	Ja, des is merkwürdig. Woaßt, was da no steht, dass in Bayern die Jugendlichen kaum no bayrisch redn kenna!
Martin:	So ein Käse! Kann ich mir nicht vorstellen. Nee, Papa, das ist Quatsch. Also tschüss!
Vater:	Halt Martin. No a Frag. Hast Du den Eindruck, dass des stimmt, was da steht, dass de Unwissenheit und de Ahnungslosigkeit immer mehra zuanehmen?
Martin:	Weiß ich nicht, keine Ahnung. Also, ich gehe jetzt.
Vater:	Guat, wenn's Dir so pressiert. Letzte Frag: De schreibn da, dass die Jugendlichen heutzutag immer uninteres-

siert san und eahna immer mehr wurscht is. Was sagst Du dazu?

Martin: Kann ich mir nicht vorstellen. Ist mir aber auch scheißegal. Also nochmals: tschüss!

Vater: Also, des Gespräch war jetz für mi sehr interessant. Es is scho sehr wichtig, dass ma mit dene junga Leit amal redt, dann merkt ma nämlich erst, dass de in Wirklichkeit ganz anders san, als wia de in der Zeitung da schreibm.

Heimatbühne

Personen: ein Ehepaar vorm Bildschirm
Auf dem Bildschirm: 3 Personen

1. Akt

Ehepaar sitzt vor dem Fernsehapparat.

Sie hat die Fernbedienung in der Hand und schaltet die Programme durch. (Möglicherweise kurz durch stilisierte Köpfe zu spielen. Tagesschau, Werbefernsehen usw.) Bleibt beim 1. Programm hängen.

Sie: Ui schau, schaug, heut spuins was vom Ohnesorg Theater.

Auf dem Bildschirm erscheint eine Gestalt mit Kapitänsmütze.

Er: Gibts nix Gscheiders?

Sie: Des is doch pfundig, schau halt hi. I siehg des oiwei gern. Schau halt aa zua. Da lernst a ganz a eigene Kulturlandschaft kenna von da drobn. De ham a besondere Form von Humor.

Er: Da konnst recht ham.

Der Kapitän singt auf dem Bildschirm gerade zum Schifferklavier ein Seemannslied.

Sie: Schee gell, da kriagt ma direkt Fernweh.

Er: I net. Außerdem konn i den Millowitsch scho nimmer hörn.

Sie: Geh zua. Des i doch net as Millowitsch Theater. De san doch in Köln. As Ohnesorg is des aus Hamburg.

Er:	So, des is mir wurscht, des is für mi as selbe. Schau nur hi, oiwei der gleiche Kaas.

Sie:	Pst, horch halt amal zua!

Auf dem Bildschirm wird eine kleine Szene gespielt.
Kapitän, Hamburger Deern Antje, Großvater.
Im Hamburger Dialekt:

Kapitän:	Ein für allemal, Deern, schlag Dir den Uwe aus dem Kopf. Sein Vater ist der Käptn vom Bäderschiff Möwe, das meinem Dampfer der Seeschwalbe ständig Konkurrenz macht. Der olle Nils Jansen ist ein sturer Dickschädel, der mich schon manches graue Haar gekostet hat.

Antje:	Vater, ich mag ihn aber, den Uwe. Außerdem, was kann er denn dafür, dass Ihr ollen Querköpfe Euch ständig in den Haaren liegt?

Kapitän:	Dir geb ich gleich einen Querkopf. Wie sprichst Du denn mit Deinem Vater? Schlag Dir den Uwe aus dem Kopf. Das ist mein letztes Wort!

Schlägt die Tür zu und lässt Antje heulend zurück.

Er:	A solcher Kas. Was hab i Dir gsagt. Oiwei desselbe. Geh schalt um.

Sie:	Geh weiter. Des i doch interessant. I bin gspannt, ob se se doch no kriagn.

Er:	(lachend) Ob se se doch no kriagn. Dass i net lach. Natürlich kriagn se se. Ja kennst denn du den Friesn Schmarrn oiwei no net? Pass auf, jetzt kimmt glei irgend a solcher oider Dackl, der ehana huift.

Bildschirm: Großvater Tim erscheint (mit Hörrohr)

Großvater:	Was flennst denn, Deern?
Antje:	Ach, Großvater. Du weißt doch …
Großvater:	(hält sein Hörrohr hin) Wat sagste?
Antje:	(lauter) Vadda will nicht, dass ich den Uwe heirate.
Großvater:	Wat soll ich raten?
Antje:	(noch lauter) Ich will den Uwe Jansen heiraten. Aber Vadda is dagegen.
Großvater:	Dem Jansen sein Uwe willst heiraten? Dein Vadda und der olle Jansen mögen sich aber nicht.
Antje:	Ja, das ist es doch eben. Weißt Du uns keinen Rat, Großvater?
Großvater:	Tja, wat soll ich da sagen? Da is nun guter Rat teuer.

Antje heult wieder.

Großvater:	Nu hör man auf. Ick hab' da so ne Idee.
Antje:	Opa, Du bist halt doch mein Liebster.
Großvater:	Schau her, Deern, was das ist. (zeigt ihr einen Schein)
Antje:	Ein Lottozettel?
Großvater:	Tja ein Lottozettel. Aber was für einer. Dat is der Haupttreffer der letzten Ziehung.
Antje:	Und du hast gewonnen?
Großvater:	Klar. Und weißt Du, was ich damit machen will?

Antje:	Nee.
Großvater:	Ich kauf die beiden Bäderschiffe Möwe und Seeschwalbe der Reederei ab, lass die alten Kähne vor Anker gehen, häng sie zusammen und eröffne auf ihnen ein echt Hamburgeranes Ausflugslokal mit Spezialitäten wie Labskaus und so.
Antje:	Toll, Opa. Aber was wird aus Papa und Uwe's Vater?
Großvater:	Siehste Antje. Das ist nun eben meine Idee. Beide werden die Geschäftsführung in dem Restaurant übernehmen. Uwe's Vater ist für die Organisation und dein Vadda für die Küche verantwortlich. Dein Vadda wollte doch immer schon gerne kochen. Wirst sehen, so müssen die beiden zusammenarbeiten. Und da steht Eurer Hochzeit auch nichts mehr im Weg.
Antje:	(fällt Großvater um den Hals) Opa, du bist ein Goldschatz.
Er:	Was hab i Dir gsagt, so a Schmarrn.
Sie:	A geh, des war doch ganz schee. Und guat ausganga is aa. A nette Idee, des mit dem Lottogewinn und dass der dann a Wirtschaft draus macht.
Er:	Geh zua. Des is doch unrealistisch, typisch halt für de da drobn. Da schau hi.

Auf dem Bildschirm entweder in großer Schrift oder als Ansage:
Sie sahen „Die Querköpfe". Ein Hamburger Volksstück von Jens Schniggelsen.
Regie: Jens Schniggelsen.

Er:	Jens Schniggelsen. Hast des ghört? (glesn)? Schniggelsen. Da wennst ma's nächste mal net gehst mit deim nordischen Krampf.

2. Akt

Das Ehepaar sitzt wieder vor dem Bildschirm. Beide schalten wieder durch die Programme.

Er: Ui da schaug. Im zwoatn Programm spuins heut an Komödienstadl.

Sie: Ja aber im Erstn kaamat Dallas.

Er: Nix da. Mia schaugn uns was aus unserer Heimat o. Was interessiert denn mi dene Ami eahna Familientratsch.

Sie schaut etwas uninteressiert der folgenden Szene zu.

Bauer: I sag das nomal Deandl, schlag Dir den Loisl ausm Kopf. Da werd nix draus. Sei Vater, der Hupfer-Bauer, kimmt ma oiwei ins Gäu. Du woaßt as doch. Vorigs Jahr hat sei Ajax vor unserm Hektor an erstn Preis bei der Stierprämierung gmacht. Des vergiss i eahm nia. Und a Dicksch-hädl is des, der alte Hupfer. Nix da. Mia bleib ma verfeindet. Des is Tradition.

Resi: Vater, i magn aber doch, an Loisl. Was konn denn der dafür, dass Ihr altn Steithanseln Euch aller Daumen lang eure Köpf einschlagts.

Bauer: Dir gib i glei an Steithansl. Wia redst denn Du mit Deim Vater, ha? Oans sag i Dir. Dein Loisl kannst dir am Huat naufstecka. Des is mei letzts Wort. Aus, Äpfe, Amen.

Schlägt die Tür zu und lässt Resi weinend zurück.

Er: Ui, hast des ghört. Des is urwächsig. Ja, ja, so san mia Bayern halt. Zünftig, gell. Des san Theaterstücke, was sagst?

Sie: (nicht besonders begeistert) Ja mei!

Er: Ja mei, was hoaßt da „Ja mei". Is des alles, was d' da zum sagn hast, wenn amal a gscheits Programm läuft, a bayrischs. I bin gspannt, wias weiter geht.

Bildschirm: Großvater, Resi
Der Großvater erscheint (mit Hörrohr)

Großvater: Was woanst denn, Deandl?

Resi: Mei, Großvater, Du woaßt as doch.

Großvater: Ha?

Resi: (lauter) Der Vater möcht net, dass i an Loisl heirat.

Großvater: Ha?

Resi: (noch lauter) Da Hupfer Loisl is doch mei Schatz und der Vater lassts net zua, dass mia heiratn.

Großvater: An Hupfer Loisl möchst leicht heiratn. Aber Du woaßt doch, dass Dei Vater und der Vater vom Loisl zstrittn san?

Resi: Freilich woaß i des. Des is' ja. Großvater, woaßt denn du koan Rat, was ma doa solln?

Resi heult wieder.

Großvater: (zärtlich) Geh Resi, hör scho auf. Mir is da was eigfalln.

Resi: Wirklich? Großvater, du bist doch mei Allerliabster.

Großvater: Da schau amal her. (Zeigt ihr ein Los)

Resi: Was is'n des? A Los?

Großvater: So is, a Los. Aber was für oans! Der Haupttreffer is des.

Resi: Du hast an Hauptgewinn?

Großvater: Genau. Und woaßt, was i damit mach?

Resi: Naa.

Großvater: Mit dem Geld kauf i am Seehuber sei Wirtschaft ab und mach nach und nach a echt bayrisches Kurhotel draus. Und dem Vater und an Hupfer-Bauer leich i as Geld, damits aus eahnere Bauernhäuser schöne Pensionen machen könna, da wo ma dann Gäste fürs Hotel neidoa konn. Na kennans aa eahnan Stall umbaun und de Viecher mitsamt der Stierzucht verkaufa. Werst seng, na is a Ruah zwischn dene zwoa Steithansl. Und wenn net, nacha huif i scho no nach mitm Diridare. (schwenkt das Los)

Resi: Großvater, Du bis der Allerhöchste. (fällt ihm um den Hals)

Ehepaar:

Er: (wischt sich die Augen) Was sagst jetzt?

Sie: Aja, ganz nett.

Er: Ganz nett, sagt sie. Spitze war das. Einsame Spitze. So was von ursprünglich. Halt wia im leibhaftigen Lebn. Des san Theaterstücke. Wennst da da jetzt im Vergleich den Kaas von Ohnesorg oschaugst.

Auf dem Bildschirm: Absage:
> Sie sahen „Die zwei Streithansln". Ein bayrisches Stückel von Jens Schniggelsen.
> Regie: Jens Schniggelsen …

Das Fernsehessen

Erna: Jetz sag scho, Papa, wia hat's Dir denn heut Abend gschmeckt?

Egon: Geh, sag halt net oiwei Papa zu mir. Du woaßt doch, dass i des net gern mag.

Erna: Hat's da net gschmeckt, as Essn? I hab heut alles nach dem Rezept von dem Fernsehkoch gmacht.

2. Abend

Erna: Heit hast was versamt, heit war a nette Sendung mit der Lisa Fitz und dem 4-Sterne-Koch, na wia hoaßt er glei?

Egon: Schaugst du jetzt am Nachmittag aa scho fern?

Erna: Bloß zwecks Dir, Papa. Du, de habn heit a Menü kocht und obst as glaubst oder net, i hab genau nach dene eahnam Rezept für Di heut Abend kocht. Schmeckts Dir?

3. Abend

Erna: Papa, heit werst begeistert sei.

Egon: Wennst oiwei Papa sagst zu mir, dann bin i's bestimmt net.

Erna: Schaug amal her, was i heut wieder für Di kocht hab. Heit war doch der große Kochwettbewerb im Fernsehen zwischen drei 4-Sterne-Köch. Und stell Dir vor, des preisgekrönte Siegergericht hab i Dir jetzt kocht. Genau nach dem Sieger seim Rezept. Schmeckts Dir, Papa, ha?

Egon: I steig aufs Dach aufe und reparier de Fernsehantenne.

Navigierter Lebenslauf

Herzlichen Glückwunsch zum Start ins Leben!
Drücken Sie möglichst schnell auf Enter!
Willkommen im Netz!
Ihrer Rente wird berechnet!
Bitte warten!
Sie können nun Ihr Gehirn ausschalten!
Ihre Route ist berechnet!
Dem Straßenverlauf möglichst lange folgen!
Die Route enthält gelegentlich Verkehrsstörungen!
Aber No Problem!
Sie werden navigiert!
Den Werbeangeboten weiter folgen!
Jetzt den Kreisverkehr an der nächsten Ausfahrt verlassen!
Wenn möglich bitte wenden!
Lange geradeaus fahren!
In die Einbahnstraße einbiegen!
Sie haben ihr Ziel erreicht!
Sie befinden sich am Ende einer unbefahrbaren Sackgasse!
Den letzten Schritt müssen sie allein tun!
Ohne Navigator!

Zum Schluss noch was zum Nachdenken …

Meine digitale Absenz

Oder: Digito, ergo sum ...

In einer Fernsehsendung vor kurzer Zeit ist mir wieder einmal klar geworden, welch verkorkste Kindheit hinter mir liegt. Ein Bildungsexperte hat es in aller Deutlichkeit ausgesprochen, welchen entscheidenden Stellenwert die Digitalisierung für Erziehung und Bildung unserer Kinder bedeutet. Ich habe in meinem Lexikon festgestellt, dass Digitalisierung vom Wort her eigentlich „Verfingerung" heißt, also: „Alle Macht dem Finger!" Eindringlich hat er verkündet, was aus unseren Kindern, Jugendlichen, ja unserem ganzem Land werden würde, sollten wir nicht so schnell und früh wie möglich unsere Kinder digitalisieren. Er entwickelte geradezu ein Horrorszenarium, was geschehen könnte, wenn unsere Kinder nicht schon im Kindergarten digitalisieren und programmieren lernten. Gnadenlos ginge der Bildungswettlauf mit anderen Nationen verloren, wenn die Zeit der kindlichen Bildsamkeit nicht kurz nach, lieber noch vor der Geburt entsprechend genutzt werde und weiterhin die Zeit mit so ineffizienten Tätigkeiten wie Singen, Spielen, Erzählen, Beten vertan würde. Anstelle des von Pestalozzi so engagiert vertretenen Erziehungsgrundsatzes der Dreiheit „Kopf, Herz und Hand" ist eine rationale und rationelle Reduktion auf den Finger getreten. Wenn noch vor kurzem die Redensart „Wir haben es in der Hand" galt, liegt heute unser Schicksal im Finger. Ich versuche, in einem Rückblick auf meine Kindheit und der mir angedeihenden Erziehung nachzuforschen, ob ich wenigstens im rudimentären die Bedeutung des Fingers kennengelernt habe. Mit Freude und Stolz fällt mir plötzlich ein, dass meine Großmutter unter Einbeziehung meiner 5 bzw. 10 Finger mit mir das Lied gesungen hatte: „Das ist der Daumen, der schüttelt die Pflaumen, der klaubt sie auf, der bringt sie nach Haus und der kleine isst sie auf". Richtig und mangels eines Rechencomputers hatten wir mit den Fingern zählen gelernt, ja sogar Addieren und Subtrahieren im Zehnerbereich wurde mit Hilfe der Finger verdeutlicht und eingeübt. Desweiteren spielte der Finger eine große Rolle, wenn man sich im Unterricht meldete, um etwas sagen zu dürfen. Nur wer anständig den Finger hob, hatte eine Chance, aufgerufen zu werden. Aber auch im Disziplinären spielten die Finger ein gewichtige Rolle. Der brave Schüler musste seine 10 Finger ruhig auf die Schulbank legen. Als Kontrolle des Bravseins wurde dann manchmal sogar ein Bleistift auf dieselben gelegt. Und wehe, er rollte herunter. Dann gabs, ja was wohl, dann gabs eine auf die Finger. Eine der hauptsächlichen

Disziplinierungsmittel war in der Tat die sog. Tatze, die es mit einem Tatzensteckerl auf die Finger gab. Ein Tatzenstock war im Übrigen eines der ganz wenigen didaktischen Hilfsmittel, die der Lehrer, die Lehrerin vom Schulamt zur Verfügung gestellt bekam. Wenn ich da an die obligatorische Ausstattungen eines jeden heutigen Klassenzimmers denke (Lerncomputer, Sprachlabor und Powerpointer), zeigt sich, welchen unglaublichen Fortschritt unsere Didaktik erfahren hat. Da fällt mir ein, dass wir nach meiner Erinnerung eigentlich keine Schüler mit ADHS, dem Zappelphilipp-Syndrom, hatten. Sollte das damit zusammenhängen, dass die Kinder mit ihren Fingern auf der Bank eine Art Digital-Konzentration erfuhren? Vielleicht sollte man statt weiter uneingeschränkt Ritalin zu verschreiben, eine neue „Hand on banks-Studie" anlaufen lassen und diese alte, bewährte Methode wieder einzuführen.

Ich krame in meinem Gedächtnis und komme in meiner kindlichen Digitalforschung noch auf weitere Finger-Aktivitäten. Die Geste des Fingers an der Stirn als Vogelzeigen fällt mir ein, oder dass man mit Zuhilfenahme aller Finger, den Daumen an der Nase, seinen Kontrahenten eine „lange Nase" zeigen konnte. Eine moderne Form einer digitalen Provokation im Straßenverkehr ist der „Stinkefinger", den wir früher meines Wissens noch nicht kannten. Digitale Bedeutung kam und kommt selbstverständlich dem „Kratzen" zu. Ich habe es in meinem ersten „Gedicht" sogar unter „Kleines Glück" vermerkt, wenn man sich unbeirrt kratzen kann, wo es einen juckt. Da fällt mir aber noch eine etwas unhygienische aber wohl weltweit verbreitete Form digitaler Betätigung ein: das sog. Nasenbohren. Heute wird man den Hang dazu vielleicht wissenschaftlich als frühe Fähigkeit und Neigung für einen zukünftigen Höhlenforscher deuten. A propos unhygienisch: Manche Kinder, die ihr Taschentuch vergessen hatten – es gab ja auch noch keine Papiertaschentücher – schnäuzten sich zum Entsetzen anderer sogar mit den Fingern. Ob solches auch unter digital laufen könnte?

Es gab also doch bereits in unserer Kindheit, Frühformen einer Digitalisierung. Und waren wir in Bayern nicht sogar die Urahnen für eine bisher einzigartige Sportart, dem Fingerhackeln? Vielleicht sollte man es aufwerten und zu „Digitalem Wrestling" deklarieren. Im Musischen wurde natürlich der Finger früh als wichtiger Akteur erkannt, beim Klavierspielen, beim Zupfen auf der Gitarre usw. Während heute Intelligenz mehr oder weniger gleichzusetzen ist mit totaler Digital-Kompetenz, spielte früher irgendwie ein „Fingerspitzengefühl" schon eine gewisse Rolle.

Ich bin nach den zahlreichen Recherchen also doch noch zu der Erkenntnis gekommen, dass es früher, wenn auch nicht so allumfassend wie heute, digitale Ansätze gab.

Und zuletzt fällt mir ein, dass wir Bayern, die wir ja immer stolz auf unser Schulsystem waren, allen Grund haben, uns als die eigentlichen Digital-Pioniere zu fühlen, denn mit Freude stellen wir Münchner fest, dass wir über viele Jahre einen blitzgescheiten Stadtschulrat hatten. Sein Name war Anton Fingerle.

Integration

Wennts

- sovui Deutsch verstehts, dassts wissts, was „Coffee to go", „Whatsapp" oder „Outlet" hoaßt

- im Dschungel-Camp Krokodilhoden und Termitenschwänze essts

- bei Big Brother vorm Fernsehpublikum nackert duschts

- an Halloween an Kürbiskopf vor d' Tür stellts und eure Kinder um „Süßes oder Saures" betteln

- beim Oktoberfest mindestens oamal im Bierleich-Zelt glegn seids

- a Digitalradio habts, da wo's Volksmusik hörn könnts

- de Frauen als moderner Harem beim „Bachelor" Erotik-Massage machen

- an Ehrgeiz habts, dassts „Shopping-Queen" werds

- as Kopftuch ablegts und euch dafür am Hintern ein Hirschgeweih tätowieren lassts

- dem Bauchtanz abschwörts und dafür bei „Let's dance" mitmachts

- eure Kinder an ganzen Tag Computerspiele spuin, da wo's Viecher abschiaßn und oiwei dicker wern, dass net amal mehr an Purzelbaum zsammbringen

- eure Töchter Magersucht haben, weils bei „Germany's next Topmodel" mitmachen wolln

- in de Bayerischen Comedy-Sendungen bei de Witz über Behinderte euch vor Lachen auf de Schenkel klopfts

- Legebatterien und Massentierhaltung gut findets

- soweit seids, dasst zwecks der Frauenrechte zum Salzstreuer „Salzstreuerin" und zum Muskelkater „Muskelkatze" sagts.

Dann seids integriert in unserer christlich-abendländischen Wertegesellschaft und wertvolle Mitträger unserer Leitkultur.

Und dann könnts auch voll Stolz sagn: „I bin der Mohammed" oder „I bin die Suleika", „Und da bin i dahoam."

Wohin sollen wir integrieren?

Wohl selten hat man in den letzten Jahren so viel von Aufgaben für unseren Staat gehört und gelesen, die da lauten: Aufnehmen, Eingliedern, Integrieren, Sozialisieren, Inkludieren usw. Angesichts der Flut von Flüchtlingen ist ein Begriff wie ein bloßes Aufnehmen allzu banal geworden. Mit großer Freude wurde die von unserer Bundeskanzlerin signalisierte Aufnahmebereitschaft gerade in den nahöstlichen Krisengebieten aufgenommen. Von einem Großteil unserer Bevölkerung, vor allem auch aus christlichen Kreisen, wurde in Wort und Tat die sog. „Willkommenskultur" signalisiert. Und tatsächlich ist viel Gutes nicht zuletzt dank der vielen ehrenamtlichen freiwilligen Helfern und Helferinnen geschehen. Aber nun scheint doch eine gewisse Ernüchterung im Besonderen auch durch die anscheinend nicht annähernd vorhergesehene „Flut" eingekehrt zu sein.

Da ist natürlich zunächst die Erfahrung, dass es irgendwann und irgendwo Grenzen finanzieller und räumlicher Natur geben wird. Im Vordergrund scheint als Lösungsmöglichkeit eine gerechte Verteilung mit entsprechender Mitbeteiligung aller Länder zu stehen. Natürlich geht es auch darum, in dieser schwierigen Notsituation unmittelbar Bedürfnisse im Hinblick auf Unterkunft, Verpflegung und evtl. medizinischer Versorgung zu befriedigen. Wer aber weiter denkt, weiß, dass das nur sehr unscharf mit dem Allerweltsbegriff Integration bezeichnete „Eingliedern" ganz anders und schwerer wiegende Probleme aufwirft. In der 70er Jahren tauchten in der Pädagogik Begriffe wie Anpassung, das englische Adjustment, Sozialisation und Entkulturation für diese pädagogisch so wichtig Aufgabe auf.

Dabei bedeutete Anpassung bzw. Adjustment eine immer mehr oder weniger kritiklose Einfügung, die auch auf individuelle Eigenart verzichtete. Ich habe diesen Begriff von Anfang an weitgehend als unpädagogisch abgelehnt. Der Begriff Sozialisation besagt eine Eingliederung in die bestehende Gesellschaft. Da ging es in erster Linie darum, dass der zu Sozialisierende – damit waren in erster Linie Kinder gemeint – mit den geltenden Normen vertraut gemacht werde und diese zu übernehmen hätte. Auch dieser Terminus muss kritisch hinterfragt werden, nicht zuletzt im Hinblick auf den unscharfen Begriff Gesellschaft. Wer oder was ist diese „bestehende Gesellschaft"? Vor allem aber: Kann ich Gesellschaft automatisch absolut setzen und sie mehr oder weniger unbefragt als gut und integrationswürdig betrachten. Ein Blick auf verschiedene gegenwärtige und vergangene Gesellschaftsformen, allen voran die NS-Gesellschaft, genügt, um Sozialisation mehr als fragwürdig erscheinen zu lassen, wenn nicht gerade an ihre vorherrschende Form normative, wertende Ansprüche gestellt werden. Zu leicht könnte ein solches Denken zu der von der NS-Pädagogik geforderten „Typenprägung" führen, die in dem menschenverachtenden Satz „Du bist nichts, dein Volk ist alles" ihren Tiefpunkt fand. Wir wissen, dass totalitäre Regimes konsequent über alle Formen der Unterrichtung und sog. Erziehung diese „Sozialisation" betrieben, was beispielsweise schon in der obligatorischen Grußform des „Heil Hitler", aber auch in Erstklassfibeln, in Gedichten, Liedern usw. seinen Niederschlag fand. Ich selbst habe als 1937er Jahrgang in der Schule einige dieser Sozialisationsversuche erfahren müssen und bin meinen Eltern bis heute dankbar, dass ich andere, ja geradezu den entgegengesetzte Normen erfahren durfte. Zunächst zu Recht wandten sich nicht zuletzt im Anschluss an die sog. Frankfurter Schule vor allem Studenten gegen einen solchen unkritischen Sozialisationsbegriff. Dies aber sehr stark unter dem Einfluss des Marxismus in äußerst einseitiger Form, indem sie wiederum sehr kritiklos alles Gegenwärtige als etwas Negatives darstellen und das oberste Zeil der Erziehung geradezu als „Madigmachen", „Miesmachen" definiert wurde. Ein in diese Richtung fast perfektes Modell einer solchen Konzeption boten die damaligen Hessischen Rahmenrichtlinien, die in ihrer Ausschließlichkeit manchen totalitären Schemata nicht viel nachstanden, auch wenn der so nach Freiheit klingende Begriff der Emanzipation eine große Rolle spielte. Man sozialisierte sozusagen gegen jede Sozialisation hin auf eine meist nicht näher bestimmte Ablehnung und nannte allenfalls noch das Ziel einer kritiklosen Bedürfnisbefriedigung.

Der nächste Begriff der Enkulturation spielte meist eine untergeordnete Rolle, es handelt sich um ein Vertrautmachen mit „unserer" Kultur und gleichzeitig zunächst eine Einschulung in Kulturtechniken, aber auch in verschiedenste kulturelle Erscheinungsformen in Sprache, Literatur, Musik, Kunst usw. Wiederum taucht die Frage auf, die in der Pädagogik leider viel zu wenig gestellt wird, was man denn überhaupt als Kultur, vor allem aber als „unsere Kultur" verstehen sollte. Keine Frage, dass Enkulturierung auch mit einer Besinnung auf einen sog. Bildungskanon und mit Begriffen wie Allgemeinbildung zu tun hat. Auf alle Fälle bedeutet Enkultivierung zunächst auch eine Form der Wissensvermittlung über diese „unsere Kultur".

Wie stellt sich unsere Kultur dar?

Wenn wir nun die zentrale Frage stellen, wie wir das Heer der Flüchtlinge und Neueinwanderer enkultivieren sollen, müsste eigentlich am Anfang eine Besinnung darüber stehen, was wir überhaupt unter „unserer Kultur" verstehen. Die Bundeskanzlerin hat vor Kurzem verlauten lassen, welch wichtige Aufgabe es wäre, in der nun zwangsläufigen Begegnung mit anderen Kulturen unsere jüdisch-christlich-abendländische Kultur in Wort und Tat zu vertreten. Enkulturation könnte also auch als Gesprächsbereitschaft und -angebot verstanden werden, Enkulturation könnte auch im weiteren Sinne dann Kulturaustausch bedeuten. Alles schön und recht, aber nochmals die Gretchenfrage: Welche Kultur vertreten wir (noch)? Ist es selbstverständlich davon auszugehen, dass etwa die islamische Kultur auf eine christliche trifft? Ich versuche im folgenden leicht satirisch darzustellen, in welchem Zustand sich unsere sog. Kultur befindet, die wir anbieten bzw. in die wir enkultivieren wollen.

Zum Einstieg zwei kleine Glossen:

Mia samma mia …

Schon im kleanstn Kaff bei uns:

A Back-Shop, Coffee-to-go, Self-Service
mit Entsorgung im Mc Clean Kloo.
An jeder Tankstell a car-wash.

Überall fast-food-locations jeglicher Art:
Döner, Sushi, Wraps, McCheese,
McChicken und „All-you-can-eat-Breakfast“.

Fürn Body:
Hairdresser und Hair-Stylisten,
Nail-Piercing und Tattoo-Studios.
Fitness-Wellness-Center für Body and Soul.
Beauty und Anti-Age-Farmen.

Inline-Skate und Playstation für die Kids.

In den Medien:
News, Comics, Entertainment,
im Bayerischen Rundfunk Tag und Nacht
englische Musik und Ramadan-Besinnungswoche.

Was unsere Bräuche anbetrifft:
As ganze Jahr über oa Festival
und Event nachm andern:
Im Frühjahr Springbreak, Love-Parade,
Midsummer Jumping, Thanks-Giving,
auf der Wiesn Special Clothing
mit Einweg-Dirndl made in Hongkong.
Ab Oktober an jedem Haus, des wo was auf sich hält,
rot-blunzige Weihnachtsmänner an der Wand.
Und vorm Christmas-Event ausgiebige
Halloween-Feten.

Im Lokal Derby zwischen Türk-Güzu
und den Engelpolding Tigers vor,
unter und nachm Spui Cheerleader Girls.
Des Spui werd sogar auf Public Viewing zoagt.

Ma siehgt eindeutig: Mia samma mia
und schreibn uns uns.
Und da samma dahoam.

Was Sprach, Gastronomie, Bräuche
usw. anbetrifft, san mia für eine
Begegnung mit fremden Kulturen best prepared
und für jede Integration in unserem
Hoamatl guat aufgstellt:
Welcome in our old traditional Bavarian Culture!

Multi-Kulti

Wenn …

Der Muezin von den Frauentürmen herunter
die Leut zum Halloween einlädt.

Die Bavaria statt ihrem Löwen a heilige Kuh neben sich hat.

Das katholische Pilgerbüro Pilgerfahrten nach Mekka veranstaltet.

Ein reicher Inder gstorben ist und seine 17 Witwen im Krematorium
München Ost mit verbrannt werden.

Die Schönheitskönigin von Schneizlreuth aus Wanne-Eickel stammt.

In Daglfing und Riem auch Kamele und Rentiere am Start sind.

In der Asamkirche bloß no Buidl und Statuen
von Nirwana zum sehn sind.

Über Zeit und Ort von jedem Schafkopf-Rennen
ein Volksentscheid stattfinden muss.

Der Dalai Lama beim Pater Rupp in der Michaelskirche zum Beichten geht.

Der Rabbiner-Chor in einer Moschee die Waidler-Messe singt.

Der Bayerische Jagdverband Indianer Jagdrecht
auf die Ewigen Jagdgründe vergibt.

Die Freimaurer-Loge die Wiedereinsetzung des Josephi Tages
am 19. März fordert und geschlossen in die Josephspartei eintritt.

Das Teufelsrad vom Kreisreferat am Oktoberfest
zur Kultstätte für Teufelsanbeter und Satanisten erklärt wird.

Wenn in der Schule Deutsch als erste und
Bayrisch als zweite Fremdsprache gelehrt wird.

Die Zeugen Jehovas die Münchner Kirchenzeitung
in ihr Repertoire aufnehmen.

Wenn man auf Kirchweih statt einer Kirchweihgans
beim Chinesen auch einen Kirchweihhund serviert kriagt.

Wenn Gebetsteppiche mit der Aufschrift
„Freistaat Bayern" benützt werden.

Wenn der Weihnachtsmann mitm Osterhasen übers Johannesfeuer hüpft.

Wenn beim Schäfflertanz a Sambagruppe aus Rio mittanzt.

Wenn am Ende vom Ramadan am Nockerberg
a „Bagwanator" ausgschenkt wird.

Wenn beim Neuhauser Hoagast zum Liad
„Über d'Alma da gibt's Kalma" gschunkelt wird.

Wenn Schüler und Schülerinnen von buddhistisch-hinduistischem Glauben vom Kultusminister neben dem traditionellen Wandertag auch noch einen Seelenwandertag zugesprochen bekommen.

Wenn bei der Vergabe für das Amt des Gras-, Herz-, Eichel- und Schellnkönigs auch die Frauenquote eine Rolle spielt.

Wenn der Trittin und der Gysi die Heilige Nacht lesen und die Sarah Wagenknecht an Andachtsjodler singt.

Wenn der Freikörperverein FKK Travemünde nackert beim Trachtenzug mitmarschiert .

Wenn der Truderinger Dreigsang beim Hoagast Liader über Isis und Osiris singt.

Wenn im Valentinmuseum eine Ausstellung von tibetanischen Gebetsmühlen stattfindet.

Wenn der TSV 1860 in der Arena eine Klagemauer errichten darf.

Wenn der Friedensengel durch den Spiderman ersetzt wird.

Wenn die Atheisten bei der Fronleichnamsprozession mitmarschieren und unterm Himmel ein goldenes Nixerl im silbernen Büchserl spazieren tragen.

Wenn „Dahoam is Dahoam" von Obama persönlich abghört wird.

Wenn die Gardinenpredigt, die mir meine Frau regelmäßig hält, auch Angehörigen anderer Konfessionen und Religionen zugänglich gemacht wird.

Wenn der Burger King bei uns Staatsoberhaupt ist.

Wenn der Christbaum am Marienplatz aus Toleranzgründen verschleiert wird.

Dann ist bei uns die Integration endlich geglückt.
Mia sama mult-kulti bzw. alles ist in Buddha.

Wie schaut unsere „Sprach-Welt" aus?

Als erste große Aufgabe wird zurecht immer die Sprache als wichtiges Kulturgut genannt. Erlernen der deutschen Sprache ist, darin stimmen die meisten überein, Voraussetzung für Integration und Enkulturation. Genügt es aber, mehr oder weniger mechanisch eine Sprache zu erlernen? Wobei ich übrigens große Zweifel habe, wie dies angesichts der bei vielen Lehrern bereits vorhandenen pädagogischen Probleme in unseren Schulen geschehen soll, die in keiner Weise dazu ausgebildet sind. Fachleute stellen in den letzten Jahren einen Verfall der deutschen Sprache ohnegleichen fest. Dazu einige Gedanken:

Ich behaupte, dass der Verfall unserer deutschen Sprachkultur in den letzten Jahren rapide fortgeschritten ist und bei Kindern und Jugendlichen bereits erschreckende Formen angenommen hat. Gerade habe ich das herrliche Buch von Andreas Hock „Bin ich denn der Einzigste hier, wo Deutsch kann?" (Riva-Verlag, München 2014), über den Niedergang unserer Sprache elesen und sehe meine Erkenntnisse und Vorhersagen schon vor Jahren voll bestätigt. Natürlich kann man als Hauptverantwortliche unsere Medien zitieren, aber als Pädagoge sehe ich viele Ursachen in einer, was die Sprachpflege anbetrifft, geradezu verheerenden Schul- und Bildungspolitik, die uns immer wieder scheinheilig vorgaukelt, wie sie sich der Entkulturierung unserer Kinder widmet. So hat man doch vor Jahren begonnen, schon die Zeit vor der Schule unter stärkere wissenschaftliche Beobachtung und Beratung zu stellen. Schon in den sechziger Jahren versuchte man an dem „heilen Welt-Wort" Kindergarten zu rütteln und vor allem den bildungsbeflissenen Eltern ein schlechtes Gewissen zu machen, wenn diese so „bildsame Phase" nicht voll genutzt wurde. Dass Kinder also in zartem Alter von 4 – 5 Jahren bereits lesen und schreiben lernen sollten, war eine Minimalforderung gewesen. Da muten neue Feststellungen schon grotesk an, dass unsere Kinder oft am Ende der 4. Klasse große Defizite in diesen Kulturtechniken aufweisen, dass die Handschrift evtl. immer mehr verloren geht und wir uns auf dem besten Weg zu einem Analphabetismus befinden. Gehen wir grundsätzlich davon aus, dass gerade in der sog. pädagogischen Wissenschaft der gesunde Menschenverstand seit längerer Zeit steckbrieflich gesucht wird. Nur ein paar ganz einfache Feststellungen: Es ist unsinnig, einen abstrakten Lese- und Schreibprozess immer früher anzusetzen, bevor das Kind nicht Zeit hatte, bestimmte Begriffe im wahrsten Sinne des Wortes zu begreifen, sie zu erfahren oder zu erleben. Schon vor vielen Jahren habe ich davor gewarnt, dass unsere Kinder immer schneller zu irgendwelchen abstrakten Formeln wie z.B. bei Wasser als H_2O kommen, bevor sie dieses wunderbare Wort „Wasser" in seinen vielen Dimensionen nur annähernd kennengelernt haben. Was ich zunächst einmal als satirisch gemeint hatte, wurde aber Realität: Dass man das Wissen des Kindes nach streng wissenschaftlichen Kriterien überprüfte wie: Wasser ist: a) $_2OH$, b) H_2O, c) OH_2. Ich sage hier in aller Deutlichkeit, dass viele Arbeitsblätter, Lückentexte und vor allem das bei Tests so beliebte Multiple-Choice-Verfahren zu den Totengräbern der deutschen Sprache gehören. Aber es klang eben in der sich immer als Wissenschaft beweisen müssenden Pädagogik und Didaktik bedeutend besser, wenn man ein so wunderbares Gebilde wie Sprache weitgehend des Gefühls, des Gemütes beraubte und in überprüfbare Lernzieltaxonomie presste, bei denen das sog. kognitive Moment eindeutig höchste Wertschätzung genoss. Auch wenn man als Lückenbüßer noch schnell das „affektive oder emotionale Lernziel" erfand, hatte man dafür gesorgt, dass das Ganze immer mehr aus dem Blick verschwand und die Aufforderung „Freude an Lautmalerei in einem Gedicht zu empfinden" fast genauso geistreich war, als würde man im Mathematikunterricht das affektive Lernziel aufstellen: „Spaß an Wurzelziehen haben und dazu in die Hände zu klatschen". Natürlich muss man auch einen Blick auf unsere Medien werfen, ohne dieses Thema nur annähernd erschöpfend behandeln zu können. Ich nenne nur ein paar Beispiele: Hatte man zunächst noch mit einer gewissen Form von Humor in Sendungen wie „Sesamstraße" oder „Die Sendung mit der Maus" versucht, dem Wissenserwerb aus Primärerfahrung ergänzend medial vermitteltes Wissen zur Seite zu stellen, arbeitete eine immer dümmlicher werdende Form von Zeichentrickfilmen und Comics einer vernünftigen Sprachbegegnung brutal entgegen. Dabei ging es nicht nur um den Verlust von Sätzen, geschweige denn Nebensätzen, um sprachliche Reduzierung von Gefühlsäußerungen in „Ächz", „Seufz", „Kicher-Kicher", „Umpf" usw., sondern vor allem um „Action", die in immer rascher aneinanderfolgenden Bildern jede Sprachbildung erschlug und sogar etwa schon vorhandene Begriffe und Sprachbilder verwischte, ja manchmal sogar auswischte. Man bedenke die sprachbildende Funktion von Märchen und Geschichten, die gerade mit Mitteln der Wiederholung von Bildern und Sprüchen dazu beigetragen hat, dass wir bis heute gewisse Sprachbilder haben. In der Fülle und Hektik der tagaus, tagein auf Kinder einströmenden Bildertorpedierung kann es immer weniger zu Bildern kommen, die der Sprache Haltepunkte und Kraft verleihen.

Viele Ursachen des Sprachverfalls lassen sich nicht isoliert voneinander sehen, auch wenn ich persönlich glaube, dass unsere Schul- und Bildungspolitik auf der ganzen Linie insofern versagt hat, als man die Probleme wie zunehmender Medienkonsum, immer größerer Verlust der Primärerfahrungen, total neue Herausforderungen durch Internet, Handy, Smartphone usw., hätte rechtzeitig erkennen müssen, um angesichts dessen entsprechend pädagogisch zu reagieren. Was aber tut man? Statt die Erlebnisfähigkeit unserer Kinder zu stärken, ihnen z.B. einen Grundwortschatz in dem Sinne zu geben, dass elementare Begriffe erarbeitet und gefestigt würden, reagiert man mit dem für manche nicht hinterfragbaren Begriff „Innovation". Da tat sich besonders eine bayerische Kultusministerin hervor, die alles, was ihr neu schien, automatisch als pädagogischen Fortschritt deutete und z.B. bedingungslosen Computer-Einsatz schon in der Vorschule forderte. So sehr konservative Politiker zwar mit populistisch überall geäußertem Unmut auf die damalige autoritäre Erziehung reagierten, so sehr ließen sie sich doch gerade in der Bildungspolitik in ihren Sog ziehen. Unverstandene Schlagworte wie Kreativität, Selbstbestimmung, Emanzipation usw. waren der Grund, warum man Begriffe wie Regeln, Ordnung, Genauigkeit usw. plötzlich aus dem Blickfeld verlor oder gar als „unpädagogisch" ansah.

Auf ein typisches Beispiel sei noch kurz verwiesen. Ausgehend von der Überlegung, dass beispielsweise zu viel und zu frühe Korrektur den Kindern das Schreiben und Erzählen etwa von Geschichten verleiten könne, erfand man das freie Schreiben. „Schreibe einfach drauflos!" Es ist nicht so wichtig, ob alles richtig geschrieben wird. Die Hauptsache ist, du kannst deine Gedanken frei und ungehemmt von Überlegungen über S-Laute oder Interpunktion zu Papier bringen. Irgendwann, so hoffte man, könnte man denn die neue Dichtergeneration schon dazu bringen, die Frühwerke ihrer schriftstellerischen Tätigkeit noch mit gewissen Regeln und Strukturen zu versehen. Simpelste Erkenntnisse wurden einfach über Bord geworfen, wie dass sich Fehlerhaftes tief ins Gedächtnis einprägt und nur sehr schwer richtigstellen lässt. Heute wissen wir, dass diese „Freiheit" ebenso wie die Unverbindlichkeiten einer Rechtschreibreform zu einer sich nicht nur im Sprachgebrauch bemerkbar machenden Beliebigkeit geführt haben. Gymnasiallehrer(-innen) können ein Lied davon singen, auf welchem Sprachniveau sich manche dieser neuen „Sprachschöpfer" in der Grundschule bewegen, gerade auch, wenn es um die Übersetzung der Fremdsprachen in ein richtiges Deutsch geht.

Womit wir auch bei dem Kapitel Fremdsprachen wären. Wiederum kritiklos von der Feststelllug ausgehend, dass die frühkindliche Phase eine äußerst bildsame wäre, versuchte man einen immer früheren Erwerb einer Fremdsprache Dabei übersah man aber, dass Fremdsprachen immer auch von einer Übersetzung abhängig sind. Voraussetzung dafür ist aber, dass man zunächst die eigene Sprache zumindest einigermaßen beherrschen, in der eigenen Sprache „daheim" sein sollte.

Selbstverständlich müssen zum Thema Sprachenverfall auch einige vor allem im Zusammenhang mir der Kommunikationstechnik und dem damit einhergehenden Konsumzwang entstehende Tendenzen genannt werden. Schlagworte wie Facebook, Twitter, SMS, aber auch eine zunehmende Globalisierung legen eigentlich den Verdacht nahe, dass die Menschen, gerade die jüngeren, noch nie so viel konsumiert haben wie heute. Das Mitteilungsbedürfnis hat manchmal geradezu exhibitionistische Züge angenommen. Aber dieses „Mitteilen" steht meist unter dem Gebot des „möglichst kurz", was sich ja in dem Begriff der SMS zeigt. Da man ja möglicherweise ein Bild des Mitteilungszustandes verschicken kann, erübrigt sich in der Regel jedwede sprachliche Beschreibung. Wenn wir jetzt schon feststellen, dass immer mehr Wörter verschwinden und beispielsweise die die verschiedensten Stimmungen beschreibenden Wörter „cool" und „geil" jedweden Gemütszustand charakterisieren, wird deutlich, dass gerade Eigenschaftswörter, aber auch Bilder, Vergleiche usw., die ein gewisses Sprachniveau bekunden, anscheinend überflüssig geworden sind. Ein Gedicht wie „Lieblich war die Maiennacht" von Eichendorff lässt sich mit einem Wort wie „geil" zusammenfassen. Dass die – weil eben kurzen – zeit- und raumsparenden gängigen Abkürzungen wie BB (bis bald), Gn8 (gute Nacht) oder Waudi (warte auf dich) zwar neu sind, aber auch eine unglaubliche Reduzierung der Sprache bedeuten, liegt auf der Hand. Fassen wir mit Andreas Hock zusammen: „Was … wirklich mit der Artikulations- und Sprachfähigkeit jener Kinder passiert, die ihr erstes Funktelefon bereits zum achten Geburtstag geschenkt bekommen, damit sich der kleine Noah-Elias immer schön bei Mami melden kann ... das lässt sich noch gar nicht absehen. ... die Forscher sind sich hier noch uneins, zumindest höllisch schwer tun, einen ordentlichen Aufsatz ohne Kürzel, Kommafehler und Smileys zu verfassen, dürfte sich ein solches Kind auf jeden Fall." (a.a.O. S. 147).

Unsere „genialen" Schul- und Bildungspolitiker bauen vor. Sie fordern das frühe Englisch bereits lange vor der Schule. Sollte die deutsche Sprache nicht mehr vorhanden sein, dann tritt vielleicht bei unseren kleinen bilingualen Wunderkindern die Kenntnis eines Shakespeare-Dramas wie Hamlet an die Stelle eines Gedichts von Matthias Claudius. Es bleibt abzuwarten, ob die Hunderten von täglich verschickten SMS einen Tag aufwiegen können, der auf Rat von Johann Wolfgang von Goethe so aussehen könnte: „Man sollte alle Tage wenigsten ein kleines Lied hören, ein gutes Gedicht lesen, ein trefflichen Gemälde sehen und ... einige vernünftige Worte sprechen". Andreas Hock kommentiert diesen Rat treffend, wenn er schreibt: „Dass wir diesen Ratschlag heute noch beherzigen, kann sich Goethe allerdings abschminken, denn der Satz hat leider 181 Zeichen!" (a.a.O. S. 148). Wirklich schade, ich fände so einen Tagesablauf doch eigentlich ziemlich cool.

„Kulturen" unserer Gesellschaft

Fußball

Fußball-Kult. Zweifelsohne hat sich in den letzten Jahrzehnten mit steigender Tendenz ein Fußballkult entwickelt, der immer mehr den Charakter einer Religion annimmt. Über diesem Kult rangiert in erster Linie als oberste Gottheit der Verein. Dieser wiederum ist beseelt von den sog. Fußballgöttern. Ich nenne als Kennzeichen der „Kultur-Jünger" nur: Uniforme Kleidung, hauptsächlich bestehend aus dem für jede Spielzeit immer auf den Markt kommenden neuesten Fußballtrikots und den Zugaben wie Schals, Hüte, Fahne. Leute, die sonst nicht um viel Geld dazu zu bringen sind, ein Volkslied oder auch einen Schlager zu singen, bilden vor, während und nach dem Spiel Chorgemeinschaften, gegen die die Fischerchöre nichts sind. Das Feindbild in diesem Kult ist ganz klar: Der jeweilige Gegner im nächsten Spiel.

Wellness

Manfred Lütz beschreibt in seinem Buch „Lebenslust" großartig unseren Gesundheits- bzw. Wellness-Kult und stellt beispielsweise fest, dass es inzwischen mehr Mitglieder in Fitness-Clubs als sonntägliche Gottesdienstbesucher gibt. Auch hier herrschen einige Riten und eine entsprechende Kult-Kleidung vor. Erklärter Gegner des Gesundheitskults ist in der Regel das Alter. Deshalb spielt auch alles, was dem Anti-Aging dient, eine wichtige Rolle. Kulthandlungen sind stundenlanges Radfahren, Treten und Laufen am Laufband. Die Kommunikation ist weitgehend auf das Anhören von irgendwelcher, aus dem Walkman kommender Musik beschränkt. Erklärtes Ziel dieses Kultes ist, alles zu tun, damit man irgendwann einmal gesund sterben kann.

Der Begriff der Bildung wird allmählich immer mehr von dem der Fitness abgelöst. Fitness ist in der Regel eher kaufbar als Bildung. Hatte Max Müller Bildung als „grundsätzliche Orientierung des ganzen Menschen in der Welt" definiert, so könnte das neue Ideal sich heute in den in Sonnenstudios gebräunten waschbrettbäuchigen, möglichst faltenfreien, deodorisierten „Typen" zeigen.

Konsum-Kult

Der Konsum-Kult hat viele Gesichter. Der Sinn dieses Kults ist in der Regel das „In-Sein-Müssen", gleich ob es ich um Kleidung oder das neueste Smart-Phone handelt. So hat sich gerade in den letzten Jahren bei Jugendlichen, ja Kindern als beliebteste Sportart das Shopping entwickelt. Stundenlange Einkaufs- oder zumindest Besichtigungsgänge sind eine ganz wichtige Freizeitbeschäftigung geworden. Entsprechend hat sich das Geschäftsbild gerade in der Innenstadt enorm verändert, weil sich das Angebot z.B. bei den sog. Klamotten an diese Zielgruppe wendet. Das wichtigste in diesem Kult ist die „Marke". Wehe dem, der die falsche Marke, etwas, was out ist, oder gar kein Markenprodukt darstellt, zur Schau stellt. Er wird durch Hohn und Spott sehr schnell zum Außenseiter erklärt und muss evtl. sogar mit Mobbing rechnen. Nicht nur Kleidung, sondern vor allem auch die neuesten Smart-Phones und Tablets gehören zu den unabdingbaren Voraussetzungen, dass man in bestimmten Kreisen ernst genommen wird und sich selber ernstnehmen kann. Es gilt die Kultregel: „In-sein zeigt sich im Outfit".

Zusammenfassung – Unsere pluralistische Gesellschaft

Wir leben in einem Zeitalter der weltweiten Kommunikation. Die verschiedenen kulturpolitischen und Wirtschaftswelten sind durch die modernen Verkehrsmittel, aber auch durch die Nachrichtenvermittlung immer näher gerückt. Damit hat sich aber die Hoffnung auf „One World", auf die eine Welt, in der sich evtl. alle verstehen, weil sie dieselbe Kultur, dieselbe Weltanschauung hätten, nicht erfüllt. Die vermeintliche Heilsvision von einem einheitlichen Weltbild hat sich nicht realisiert und konnte sich auch nicht realisieren. Durch das ständige Nebeneinander der Welten fällt es immer schwerer, zu einer doch für den Menschen so wichtigen Weltanschauung zu kommen. Es gibt noch ein anderes nebeneinander der Welten, durch das verursacht wird, dass Ganzes und Ganzheit, Überschaubarkeit und Verwirklichungsmöglichkeit immer mehr entschwinden. „Es gibt heute innerhalb keines Volkes die Selbstverständlichkeit einer Welt mehr, von der vorausgesetzt werden kann, dass ihre Einheit die Menschen dieses Volkes gleichmäßig umfasst, ihren Kenntnissen und ihrem Können den richtigen Platz anweist und ihren Werten und Handeln als eigentlicher Raum der Freiheit gültige Maßstäbe vorgibt, innerhalb derer diese Freiheit erst wirklich frei und nicht orientierungslos ist. Das religiöse, das geschichtliche, das gesellschaftlich-soziale, ethische, das naturwissenschaftliche Weltbild schließen sich nicht mehr fugenlos zu einer Einheit zusammen. Sie sind wie Perspektiven von etwas, das sich indem was es eigentlich ist, verhüllt und entzieht, so dass die Perspektiven keine ‚Anblicke' ein und desselben mehr sind, sondern zu bloßen, sich ablösenden ‚Erscheinungen' herabsinken. Je mehr wir alles auf der Erde und in der Welt kennen und so anscheinend alles mit allem vergleichen können, desto mehr ist uns der Grund der Möglichkeit aller Vergleichung, das, was all dies umfasst, verbindet, ordnet, misst und in den Maßstäben bewerten lässt, ins Verborgene entglitten ...". (Max Müller, Erfahrungen und Geschichte, 1971, S.380)

Während die Antike die größte Einheit aller Geschehnisse der Welt als Natura, als Physis erfuhr, das Christentum dagegen als die Einheit des von der Offenbarung umfassenden Heilsgeschehens, wird die heutige Welt weder in ihr Gefügtheit einer solchen Natur noch aus den Ansprüchen dieser Heilserfahrung als normgebend und verpflichtend erkannt. (vgl. Max Müller, a.a.O.).

Eine Konsequenz daraus ist der sogenannte Pluralismus. Dazu meint wiederum Max Müller: „Man könnte diesen neuen Pluralismus den demokratischen nennen. In der technisch-industriellen Welt ist die Einheit der Welt durch Kooperation a posteriori bewirkt, und nicht a priori durch ein religiöses, ethisches oder politisches, immer aber hierarchisches Axiom-Wert-Struktur-System gewährleistet. Das letzte Vereinigende wird als geschichtlich vielfältig und anscheinend beliebig ausdeutbar, daher ‚zurückgestellt' aus der ‚pluralistischen Schule' in gerühmter ‚Toleranz' entfernt und den verschiedenen Weltanschauungen, Parteien, Bekenntnissen und Religionsgemeinschaften überlassen.Damit fällt ein Auswahlprinzip des Wesentlichen und Unwesentlichen, Wichtigen und Unwichtigen, Unentbehrlichen und Entbehrlichen bei der ‚Bildung' weg …" (Max Müller, a.a.O. S.398)

Immer wieder bekommen wir die Antwort: Wir müssen dem Pluralismus gerecht werden, entsprechend der pluralistischen Struktur unserer Gesellschaft müssen wir, dürfen wir nicht. Sogar innerhalb von Glaubensgemeinschaften hat man heute oft den Eindruck, die einzige Autorität, die nicht in Frage gestellt wird, ist der „St. Pluralismus". Wir sind uns darüber im Klaren, dass eine Demokratie Rücksicht und Toleranz zwischen den verschiedenen Wähler- und Gesellschaftsgruppen erfordert, glauben aber nicht, dass dann ein Lösung erzielt wird, wenn man versucht, beispielsweise die Medien von Weltanschauungen total keimfrei zu halten. Gerade da zeigt sich nämlich, dass mit diesem Pluralismusbegriff sehr schnell manipuliert werden kann. So gibt es zwar – das sei ohne weiteres eingeräumt – eigene Sendungen für die einzelnen Weltanschauungsgruppen auch im Sinne einer christlich-abendländischen Denktradition. Sendungen aus dem Alltag und Unterhaltungsprogramme versuchen sich aber meist streng an die sogenannte Weltanschauungsneutralität, eben jenen Pluralismus, zu halten. Ich spreche bewusst von „versuchen", denn gerade im Unterhaltungsbereich lässt sich bemerken, wie häufig hier irgendwelche weltanschaulichen Aussagen gemacht werden. Man betrachte nur die Schlagerszenerie, deren Texte oft eindeutige Aussagen über die Einstellung zur Welt, zu Mitmensch und Leben wiedergeben. In Krimis, Lustspielen usw. werden alle möglichen Grundeinstellungen des Menschen sichtbar. Es fällt aber immer mehr auf, dass man das Religiöse in unserer westlichen Welt, auch das christlich-abendländische Denken sehr häufig auszuklammern versucht. Allenfalls werden da und dort noch Zerrbilder vorgestellt. Kann man aber religiöse Aussagen nur in ein Kästchen einsperren? Spielt denn Religion wirklich in unserem Leben gar kein Rolle mehr? Ist Gott so out, oder scheut man sich nur vor seinem Namen, um nicht mit dem Pluralismus in Konflikt zu kommen? Lassen sich Haltungen wie Glaube an, Hoffnung auf, Vertrauen in, Dankbarkeit gegenüber Gott auf ein paar religiöse Sendungen beschränken?

Wieder eine kleine Glosse

Im Ziegenhausener Rathaus wurde wieder einmal hart diskutiert. „Wir brauchen eine Besinnungshalle in Ziegenhausen", riefen die Gelben.

Ganz klar, dass die Blauen sofort dagegen waren. „Eine Besinnungshalle ist eine sinnlose Geldverschwendung", riefen sie.

Die Violetten versuchten zu vermitteln: „Es muss ja nicht unbedingt eine große Halle sein. Es würde ja auch ein kleiner Besinnungsraum genügen."

„Wozu brauchen wir überhaupt einen Besinnungsraum?", schrien die Gegner. „Wir wissen doch, dass wir auf dem richtigen Weg sind. Da käme man womöglich noch auf dumme Gedanken, wenn man über alles mögliche nachdächte", riefen sie. „Außerdem, Raum ist in der kleinsten Hütte. Zum Nachdenken brauchen wir also keinen eigenen Raum."

„Das ist typisch für die reaktionäre Einstellung der Blauen", schrie der Sprecher der Gelben, „alles zu stabilisieren und den Bürger zu entmündigen, indem man ihm jede Möglichkeit des kritischen Denkens verweigert?"

Wie es kommen musste, die Parteien blieben auf ihrem Standpunkt bestehen, und es kam zur Abstimmung: Da nun aber knappe Mehrheitsverhältnisse vorlagen, gaben die Stimmen der Violetten den Ausschlag.

Da hatte man nun die Zustimmung für den Besinnungsraum. Und schließlich ging es um die Verwirklichung. Und wieder kam es zu harten Auseinandersetzungen, denn der Raum musste ja auch gestaltet werden. Die Parteien waren sich dabei einig, dass man die einzelnen Weltanschauungsgruppen befragen sollte. Da kamen dann auch die verschiedensten Vorschläge, was alles in den Raum müsste. Das ging bei den Farben an. Die Parteien forderten mit allem Nachdruck, die Wände – je nachdem – gelb, blau, oder violett zu streichen.

„Auf alle Fälle brauchen wir im Zentrum eine große ‚Pan-Statue‘", riefen die Panagioten. Die „Gelben" forderten eine leuchtend gelbe Sonnenscheibe also Symbol des Lebens usw.

Wenn man den Vorschlägen der verschiedenen Seiten nachgekommen wäre, wäre wohl kein Millimeter Platz mehr für die sich besinnenden Ziegenhausener gewesen, und die Wände wären in allen Farben bemalt worden. So ging es also nicht weiter. Man versuchte sich zu verständigen und Gemeinsamkeiten zu entdecken.

„Vielleicht können wir uns auf ein paar Symbole einigen", meinten die Ziegenvertreter.

Man diskutierte lange, aber bei jedem Symbol, das vorgeschlagen wurde, meldeten sich Gegenstimmen, die in der Konkretion einen Angriff auf eine andere Weltanschauung sahen, was nun einmal in dem Ziegenhausener Weltanschauungspluralismus zu beachten war. So einigte man sich am Ende, dass der Raum leer bleiben müsse, damit der Pluralismus gewährt bleibe. Der Ziegenhausener Besinnungsraum ist gebaut worden. Er ist ein völlig kahler Raum, der nichts enthält.

Und seitdem wissen die Ziegenhausener, dass sie nur mehr in einem übereinstimmen: im Nichts.

Besinnung auf die Werte

Nach dem bisher gesagten stellt sich also in aller Deutlichkeit wieder die Frage: „Wohin wollen, sollen wir integrieren?" In eine Welt ohne jede Struktur? In ein Gebilde, das in nichts mehr übereinstimmt als im aufgezeigten Konsumverhalten?

Stellen wir aus diesem Grunde noch einmal eine Besinnung auf unsere Werte an, die in unserer Gesellschaft (noch) eine Rolle spielen und fragen wir uns, welche Einstellungen und Haltungen wichtig wären, um überhaupt in einen Kultur- und Wertdialog eintreten zu können.

Hören wir uns die diversen Neujahrsansprachen an, die jährlich gehalten werden, so werden wir häufig dem Begriff „Werte" begegnen, auf die es sich zu besinnen gelte. Manche scheinen es fast schon als Pflichtübung zu betrachten, dass sie bei solchen Veranstaltungen auf den „Verlust der Werte" hinweisen. Wenn man dann einen dieser Lamentierer fragt, was er sich unter Werten vorstellt, dann bekommt man häufig Begriffe zu hören wie „lebenslanges Lernen", „Zielstrebigkeit", „Gründlichkeit", „Genauigkeit", „Überleben" und „Solidarität". Dazu möchte ich Ihnen eine kleine Geschichte erzählen.

Wer ihn kannte, der wusste, dass er alles, was er anfing, konsequent verfolgte. Auch diesmal hatte er seine Vorbereitungen mit enormen Fleiß und höchster Genauigkeit getroffen. Ein lebenslanges Lernen befähigte ihn, immer wieder up to date zu sein. Jedes Opfer war ihm recht, wenn es darum ging, sich mit großer Geduld und Ausdauer neueste, wissenschaftlich fundierte technische Kenntnisse und Fertigkeiten anzueignen.

Enthaltsam und asketisch konzentrierte er sich ganz auf sein großes Ziel. Am 14.10. war es wieder so weit. Punkt 20 Uhr – Pünktlichkeit war einer seiner wichtigsten Grundsätze – traf er sich mit seinem Kollegen. Tatkräftig gingen sie ans Werk. Sachlich und präzise arbeiteten sie, immer von dem Gedanken beseelt, für welches Ziel sie es taten. Sie waren so wahrhaftig zu sich selber, dass sie sich ehrlich eingestanden, das Schöne gehe ihnen über alles. Durch geduldige und in großer Solidarität durchgeführte Arbeit vollbrachten sie das Werk.

In dieser Geschichte sind eine ganze Reihe von Werten genannt. Man könnte auch sagen, eine Reihe von „Tugenden", um hier einmal diesen verwandten, aber heute etwas antiquiert klingenden Begriff zu gebrauchen. Bliebe die Geschichte aber so stehen, so wäre sie unvollständig. Man wird fragen, was die Akteure dieser Geschichte eigentlich für ein Werk vollbracht haben.

Nun, es könnten ganz verschiedene Taten sein, die hier geschildert werden. Handelt es sich darum, dass Schönheitschirurgen einen Eingriff vornahmen?

Wurde ein Kunstwerk gestaltet? Oder aber ging es vielleicht um den perfekten Kunstraub?

Wie gesagt, in dieser Geschichte kommt eine ganze Reihe von diesen Tugenden wie Fleiß, Geduld, Pünktlichkeit, lebenslanges Lernen, Sachlichkeit, Wahrhaftigkeit, Solidarität oder das Schöne vor. Wir sehen daran, dass der Begriff „Werte" anscheinend doch nicht ganz genügt.

In Übrigen täuscht sich ein jeder gründlich, der meint es gäbe keine Werte mehr. Ich wage zu behaupten, dass noch keine Zeit so viele Werte verkündet hat wie die unsrige. Jeden Tag informiert uns die Presse über den Dax-Aktienwert, den Wert des Dollars, des Euro, des Dow-Jones, um nur einige zu nennen. Der Sender n-tv sendet den ganzen Tag die neuesten Börsenwerte. Die Sportseiten sind voll von Berichten über den Wert von Fußballspielern. Wochenlang vor Beginn der Bundesligasaison wird schon verkündet, welche Werte die einzelnen Vereine in Spielereinkäufe investiert haben. Des Öfteren stellt man die Milchmädchenrechnung an, welche Chance ein Verein, der nur 13,8 Millionen Euro in neue Spieler investiert, gegen einen hat, der 56,77 Millionen locker machen konnte. Die Werbung verkündet permanent Werte, für die es sich lohnt, das neue Produkt zu erwerben, gleich ob es ich um den „Wert" des Schönen, der Jugend, dem der Gesundheit, der Frische, des Erfolges, der Aktivität oder etwas Ähnliches handelt.

Vielfach wird der Wert heute auch von der Statistik bestimmt. Zu Beispiel wenn es um die Beliebtheit irgendeines Politikers, einer Partei oder eines Filmstars geht. Dabei spielt nur die nackte Zahl eine Rolle, nämlich welcher Prozentsatz der Befragten, die jeweilige Person, irgendeinen Trend oder ein Parteiprogramm gut findet. Deswegen muss aber die Person oder das Programm nicht automatisch schon etwas Wertvolles sein.

Vielleicht sollte man gerade den Begriff des „Durchschnittswertes" einmal genauer unter die Lupe nehmen. Stellt denn der Durchschnitt wirklich einen Wert dar, oder ist dieser Wert nicht allenfalls als „durchschnittlich" zu bezeichnen? Oder, noch grundsätzlicher gefragt: Kann die Zahl, die Mengenangabe, die Durchschnittsberechnung wirklich so etwas wie einen Wert erfassen und beschreiben? Was versteht man überhaupt unter Wert? Gibt es nicht eine Vielzahl von Werten?

Auch den Wert eines Menschen könnte man beispielsweise auf ganz verschiedene Art bestimmen. Gern wird mit ironischem Unterton eine Untersuchung zitiert, die aufzeigt, wie groß der „Materialwert" eines Menschen ist, also der Wert der in seinem Körper enthaltenen chemischen Stoffe und was seine körperliche Existenz im wahrsten Sinne des Wortes „auf die Waage bringt". Hier stellt sich nämlich heraus, dass das nur ein paar Euro sind. Aber auch der deutlich höhere Versicherungswert sagt letztlich nichts über den eigentlichen Wert des jeweiligen Menschen, ja des Menschlichen schlechthin aus. Oder ist derjenige, der mit entsprechendem Schmuck, Diamant-Piercing und Ähnlichem ausgestattet ist, der wertvollere Mensch? Spielt es vielleicht sogar eine Rolle, wenn er ein paar Goldkronen mehr in sich birgt?

Aber fragen wir nun einmal im Ernst: Bestimmt die Leistungsfähigkeit des einzelnen seinen Wert? Ist ein höchst begabter Mensch – wie auch immer man diese Begabung messen mag – mehr wert als jemand mit durchschnittlichen Fähigkeiten? Steht einer Person mit einfacher Schulbildung kein so hoher Rang zu wie jemandem, der Diplome eingeheimst und einen oder mehrere Doktortitel vor seinem Namen stehen hat? Oder bestimmen die „Gardemaße" den Wert des Menschen?

Uns Deutschen ist ja der Ausdruck vom so genannten „lebensunwerten Leben" aus der nationalsozialistischen Ära noch in grausiger Erinnerung. Ich selber habe miterlebt, wie aus meinem Haus ein liebenswerter junger Mann, der geistig behindert war, zunächst in eine Irrenanstalt abgeschoben worden war und ein paar Wochen später verschwunden ist. Eine vergleichbare Auffassung hatte man im alten Sparta, wo sich der Wert eines Kindes nur im Hinblick auf seine spätere Wehrtüchtigkeit, seinen Wehrwert bestimmte. Lebenswertes Leben war dann nur dasjenige, das der militärischen Stärke des Staates diente.

Wir sehen an all diesen Beispielen, dass zunächst einmal eines geklärt werden muss: Wie sollen wir mit dieser Wertfrage umgehen? Was können wir überhaupt als Wert gelten lassen?

Ist der Wert etwas zeitlos Gültiges, wie es manchmal naiv formuliert wird, eine feststehende Größe? Wie zeigt sich aber diese Größe? Ist er etwas stabiles oder kann er nicht auch als etwas durchaus Dynamisches, Lebendiges angesehen werden? Ganz sicher ist es nicht damit getan, dass wir beispielsweise die klassischen Werte – das Gute, das Schöne, das Wahre und das Heilige – benennen und glauben, damit schon eine Art Regelbuch für das tägliche Leben oder gar die Erziehung unserer Kinder geliefert zu haben.

Denn es ist ja nicht so, dass man die „Werte", beziehungsweise deren Inhalte, irgendwann und irgendwie ablesen und damit eine genaue Richtschnur, genaue Zielvorstellungen für sein Handeln gewinnen könnte. Denn wenn es etwas Überzeitliches überhaupt gibt: Lässt es sich einfach in Wertvorstellungen hineinpressen? Wären solche „Werte" nicht möglicherweise etwas zu abstrakt, unrealisierbar, undeutlich? Müssen Werte nicht vielmehr verwachsen und verwoben sein mit dem Begriff des Lebens, der Verwirklichung? Oder formulieren wir es mit einem Wortspiel? „Wert", das klingt ganz ähnlich wie „Werk" und wie „Welt". Und wenn überhaupt von einer Werteverwirklichung gesprochen wird, dann geht es immer um einen Wert, der in einer bestimmten Welt zu einem Werk hinführen soll.

Damit will ich keineswegs die Werte relativieren in dem Sinne, dass ich behaupte, man dürfte sie je nach Geschmack in Frage stellen und etwas völlig anderes an ihre Stelle setzen. Ich möchte lediglich auf die Tatsache aufmerksam machen, dass sich der Mensch als geschichtliches Wesen und als unverwechselbares Individuum in einer spezifischen geschichtlichen Situation befindet, die ihm die Aufgabe der Verwirklichung eröffnet.

Werte können nicht unabhängig von dem Wissen um die Situation unserer Gesellschaft gesehen werden. Wir müssen uns beispielsweise bewusst bleiben, dass wir in einer Welt der Technik leben und dass die Medien eine enorme Wirkung haben.

Typisch für unsere Zeit ist etwa, welch große Rolle der Begriff der Effizienz heute spielt. Effizienz bedeutet dabei häufig lediglich so viel wie Schnelligkeit: Je schneller man etwas erreicht, desto wertvoller scheint diese Tätigkeit zu sein. Wir müssen uns damit auseinander setzen, dass die Begriffe Muße, Betrachtung, Beschaulichkeit, Spiel, Kreativität, Fantasie nicht unbedingt hoch in Kurs stehen, eher sogar einen negativen Stellenwert in unserer Gesellschaft haben. Denn sie stehen für eine Lebensweise, die recht viel Zeit für Dinge aufwendet, bei denen nicht notwendigerweise und vor allem nicht sofort verwertbare Ergebnisse zu erwarten sind. Dass zum Beispiel Kinder spielen, wird nur dort als wertvoll angesehen, wo es zum Erwerb einer bestimmten Befähigung dient, die man möglicherweise auch noch abfragen und kontrollieren kann. In diese Sichtweise wird Spiel häufig schon sehr früh auf ein Lernspiel hin reduziert. Oder nehmen wir den Begriff der Erotik, der gern reduziert wird auf reine Sexualtechnik, ja manchmal sogar auf eine recht merkwürdige, wenn nicht perverse Form derselben.

Über den Einfluss der Medien auf unser Werte- und Weltverständnis gäbe es viel zu schreiben. Um nur ein Beispiel zu nennen, gehe ich auf eine derzeit – nicht zuletzt bei Jugendlichen – sehr beliebte Fernseh-„Unterhaltung" ein, die so genannten Talkshows. Wer die Themen der nachmittags ausgestrahlten Talkshows verfolgt, wird zunächst einmal feststellen, dass viele Themen für Jugendliche nicht nur nicht geeignet, sondern für sie sogar gefährlich sind. Noch problematischer ist aber der Aufbau vieler dieser Sendungen. Die Gesprächsteilnehmer (Gespräch ist dabei wohl kaum der richtige Ausdruck) wurden vor der Sendung so ausgewählt und instruiert, dass es auf alle Fälle zu Auseinandersetzungen kommen muss. Dabei ist dann jedes Mittel recht. Je mehr Aggression und verbale Gewalt, desto besser, damit sich „etwas rührt". Solche Sendungen vermitteln mehrere merkwürdige Botschaften, die gerade auf junge und jüngste Zuschauer sehr prägende Auswirkungen haben müssen. Zunächst einmal erschient es fast selbstverständlich, dass Gespräche Streitigkeiten sind, dass es gegenseitige Beschuldigungen und Angriffe gibt. Kompromisse oder Versöhnung sind unbekannt, jeder bleibt unbelehrbar, stur bei seiner Meinung.

Eine weitere Botschaft, die man implizit vermittelt bekommt, lautet, dass man nur Anerkennung gewinnt, wenn man eine extreme, um nicht zu sagen perverse Position einnimmt, das Normale, Gesunde, Vernünftige gibt eben leider nichts her, man bekommt nur Einschaltquoten, wenn es kracht, oder wenn sich die Leute schockiert fühlen.

Es kommt noch etwas anderes dazu. Das bei diesen Sendungen eingeladene Publikum, das sehr häufig aus jungen Leuten besteht, bestätigt auch die bösartigsten und verrücktesten Wortbeiträge der Teilnehmer mit Gelächter und frenetischem Beifall – so wie es vorher ausgemacht wurde. Daher bekommt der Jugendliche vor dem Fernseher den Eindruck, selber hinterm Mond zu leben, wenn er noch irgendwelche Bedenken hätte gegen das eine oder andere, was in Sendung gesagt und beschrieben wird, oder es nicht nachvollziehen könnte.

Ein eigenes Kapitel stellen die so genannten Comedy-Shows dar, die sich zur Zeit wie ein Krebsgeschwür über alle möglichen Fernsehsender verbreiten. Mit einer Komödie im alten Sinne haben sie reichlich wenig gemein. Meistens verwechseln sie nämlich Humor mit bösartigem Spott, Sadismus und Sarkasmus. Während Humor etwas Versöhnliches und Humanes ist, weisen viele dieser Sendungen etwas Zerstörerisches auf und leben in der Regel von der Schadenfreude.

Verschiedenen Presseverlautbarungen entnehme ich, dass das Interesse von Kindern und Jugendlichen am Sport zusehends abnimmt und die Spielfreude immer mehr verloren geht. Seit Jahr und Tag kämpfen Leute wie der Professor Peter Kapustin gegen die Vernachlässigung eines vernünftigen Sport- und Spieldenkens in unserer Öffentlichkeit an. Es wird immer mehr ein Kampf gegen Windmühlenflügel. Hin und wieder bekommen dann Parteien oder sonstige Organisationen ein schlechtes Gewissen und starten einen blinden Aktionismus. Man kann dann auf Plakatsäulen Slogans lesen wie: „Keine Macht den Drogen", „Jugend für den Sport", „Aktion Fairplay". Ich weiß, wieviel Gelder in einen solchen Aktionismus fließen, der es bei Sprüchen, Trikotaufschriften und Ähnlichem bewenden lässt. Welch ein Hohn, wenn Sportler mit irgendeiner Aufschrift gegen Sucht „werben" und im selben Atemzug verkünden, dass sie sich beim nächsten Erfolg „volllaufen lassen"! Ganz abgesehen davon, dass genügend Sportveranstaltungen von Getränkeherstellern gesponsert werden, die die Gelegenheit nutzen, um ihre Alkoholika anzupreisen.

Was ist zu tun? In erster Linie, dass man tatsächlich etwas tut. Dass man nicht neue Befragungen durchführt, die nach aufwändigen und kostspieligen jahrelangen Untersuchungen etwas bekunden, was man schon längst weiß. Der amerikanische Präsident Herbert Hoover stellt einmal fest: „Weisheit ist nicht so sehr das Wissen darum, was schließlich zu tun ist, sondern darum, was zunächst getan werden soll." Es gilt in erster Linie, sich auf die Grundlagen unserer christlich-abendländischen Kultur zu besinnen. Über das viele Geschwätz von interkultureller Kommunikation sollte man nicht vergessen, das man zunächst einmal die eigenen Traditionen pflegen muss, bevor man mit denen anderer Völker in Kontakt tritt. Sehen wir zu, dass wir uns zuerst darüber klar werden, was unsere Kultur ausmacht und wie wir in diese Krise wieder einen Standpunkt entwickeln können, der den destruktiven Kräften entgegenwirkt! Keine lange Lamentiererei über den Verlust der

Werte ist gefordert, vielmehr eine Unterstützung der allenthalben erprobten vernünftigen Aktionen.

Unsere Kirchen wären gut beraten, wenn sie sich nicht so oft in irgendwelchen Kleinkriegen aufrieben, sondern aus dem großartigen Fundus christlichen Denkens mehr konkrete Möglichkeiten für Medien und Freizeit aufzeigten. Vor allem aber, wenn man, statt nur nach der Zensur zu rufen, die frohe Botschaft glaubhaft und durchaus mit modernen Möglichkeiten verkündetet.

Von Emanuel Geibel stammt der schöne Satz: „Das ist die klarste Kritik der Welt, wenn neben das, was ihm missfällt, einer was eigenes, Besseres stellt". Man hört hierzulande nur allzu viel von der Faszination des Fernsehens oder der neuen Medien. Leider redet man aber immer weniger von der Faszination des Lebens, das wohl immer noch das beste Programm liefert. Das Christentum, auf dem unsere Kultur aufbaut, ist eine Religion des Lebens, der Dankbarkeit für die Schöpfung, der Verantwortung, der Freude am Leben und des Vertrauens und Hoffens auf einen Fortbestand desselben über den Tod hinaus. In diesem Sinne könnte man mit einem etwas abgewandelten Wort Theodor Fontanes als einen ganz wichtigen Auftrag unserer Zeit formulieren: Wir sollten unseren Kindern wieder mehr die Melodie des Lebens nahe bringen, sie mit einstimmen lassen, und nicht nur die Dissonanzen aufzeigen.

Alle Pädagogik hat in erster Linie die Aufgabe, das Leben als etwas Großartiges, Wunderbares, als ein Geschenk deutlich zu machen. Diese Aufgabe beginnt gleich nach der Geburt, geht über auf den Kindergarten und erstreckt sich bis ans Ende der Schulzeit, hier quer durch die verschiedenen Fächer. Jeder Erziehende hat sich zu fragen, welchen Beitrag er im Hinblick auf ein solches „oberstes Bildungs- und Erziehungsziel" zu leisten vermag.

Einen wichtigen Aspekt möchte ich in diesem Zusammenhang noch erwähnen: Das moderne naturwissenschaftliche Denken hat sich ja vom alten, rein mechanistischen Weltbild der Newtonschen Physik verabschiedet. Begonnen hat das mit der Quantenphysik eines Werner Heisenberg, sein Erbe hat heute die so genannte Chaostheorie angetreten. Verkürzt und vereinfachend könnte man diese Erkenntnisse so beschreiben: Physikalische Vorgänge lassen sich nie völlig exakt vorausberechnen. Schon beim Verhalten von Elementarteilchen spielt ein nicht näher zu erklärender „Zufall" eine Rolle, der dazu führt, das sich Materie „unberechenbar" entwickelt und sich „Voraussagen" nur in dem Sinne machen lassen, dass man eine Wahrscheinlichkeitsverteilung angeben kann.

Diese neue Sicht der Dinge bedingt in gewisser Weise auch eine ganz andere und positivere Einstellung zu dieser unserer Welt, im Besonderen zu unserer Erde und dem Leben darauf. Hier kann nur angedeutet werden, dass ein „schöpferisches Universum" für die Ethik etwas anderes bedeutet als die Vorstellung vom Kosmos als einer sterilen Maschine. Sie legt in einer ganz anderen Weise als die mehr oder weniger doch materialistische Deutung der Welt unserer Mitverantwortung nahe. Denn unter diesen Voraussetzungen ist es klar, dass auch wir selbst etwas in diesem Universum beitragen können.

Als Konsequenz aus einer solchen Sicht sollten wir uns einer Tatsache bewusst werden: Umweltgerechtes Verhalten bedeutet nicht lediglich Schutz, sondern auch eine Chance für uns: die Chance, zu hegen, zu pflegen, ja Leben zu ermöglichen und weiterzugeben, etwas Schönes zu gestalten.

Lassen wir diese Gedanken ausklingen in einer Überlegung über alternative Energiequellen:

In unserer Zeit ist so viel von alten und neuen Energien und von Rohstoffen die Rede. Wie wäre es, wenn wir uns vornehmen würden, eine Reihe alter Energien und Rohstoffe neu zu entdecken und ihrer Förderung wieder größeres Augenmerk zuteil werden zu lassen?

Da wäre einmal die menschliche Wärme: die kann schon durch ein kleines, freundliches Lächeln erzeugt werden. Strahlen wir doch einfach einen Menschen in unserer Umgebung liebevoll an. Ein Strahlen, für das wir beileibe keinen Strahlenschutz brauchen.

Dann wäre zu nennen der Energiespender Freude. Von ihr wird die Fröhlichkeit des Herzens immer wieder neu aufgeladen, und diese wiederum ist ein Art Akkumulator, eine Batterie, die auch an kälteren Tagen Lebenskraft vermittelt.

Ganz besonders schonend geht die Fantasie mit unseren Ressourcen um. Sie lässt uns ohne einen besonderen Kraftstoffverbrauch in ganz neue, unbekannte Regionen fliegen und uns immer wieder Großartiges entdecken. Fantasie ist die Schöpferkraft schlechthin. Sie überwindet Zeit und Raum und ist der Beweis, dass es doch noch etwas viele Schnelleres als die Lichtgeschwindigkeit gibt, etwas, das sogar die Grundkraft der Gravitation beliebig aufheben kann.

Dazu kommt die Stärke des Glaubens, der ja bekanntlich Berge versetzen kann. Die treibende Kraft der Hoffnung, die uns immer wieder zu neuen Ufern aufbrechen lässt, und die wohl alles überwindende Macht der Liebe, die menschliche „Kernenergie" schlechthin.

Nicht vergessen dürfen wir natürlich das Öl des Humors, das hilft, dass etwas leichter geht, und der uns auf diese Weise Energie sparen hilft. Das Gleiche kann man auch von der rechten Einstellung, die Bescheidenheit, sagen.

Die Entdeckung der in uns verbogenen Energie erfordert kein kostspieliges Forschungsvorhaben, nur ein wenig Selbsterforschung. Sie verlangt auch keine aufwändigen Mittel. Wohl aber einen Weg, der zwar recht kurz erscheinen mag, der den Menschen aber merkwürdigerweise immer recht schwierig erschienen ist: den Weg in uns selbst hinein.

Ebenso kurz – und für manchen noch schwieriger – sind die paar Schritte auf den anderen, auf unseren Nächsten zu. Doch dieser Gang bringt mit Sicherheit mehr als eine Reise um die ganze Welt!

Mit einem gesunden Gottvertrauen und den angesprochenen „alternativen Energien" können wir getrost in die Zukunft gehen. Vielleicht sollten wir uns dabei auch an den schönen Spruch erinnern: „Dankbar rückwärts. Gläubig nach oben. Und mutig nach vorwärts". Und das ist wohl die beste Einstellung zur Zukunft: sie vertrauensvoll gestalten zu wollen.